KB125691

마흔에 비로소 나 자신이 되었다

꿈꾸는 마흔을 위한 성찰 에세이

마흔에 비로소 나 자신이 되었다

초 판 1쇄   2019년 04월 24일

지은이 오선미
펴낸이 류종렬

펴낸곳 미다스북스
총괄실장 명상완
책임편집 이다경
책임진행 박새연, 김가영, 신은서
본문교정 최은혜, 강윤희, 정은희

등록 2001년 3월 21일 제2001-000040호
주소 서울시 마포구 양화로 133 서교타워 711호
전화 02) 322-7802~3
팩스 02) 6007-1845
블로그 http://blog.naver.com/midasbooks
전자주소 midasbooks@hanmail.net
페이스북 https://www.facebook.com/midasbooks425

© 오선미, 미다스북스 2019, *Printed in Korea*.

ISBN 978-89-6637-663-6 03190

값 15,000원

※ 파본은 본사나 구입하신 서점에서 교환해드립니다.
※ 이 책에 실린 모든 콘텐츠는 미다스북스가 저작권자와의 계약에 따라 발행한 것이므로 인용하시거나 참고하실
   경우 반드시 본사의 허락을 받으셔야 합니다.

미다스북스는 다음세대에게 필요한 지혜와 교양을 생각합니다.

마흔에 비로소 나 자신이 되었다

오선미 지음

꿈꾸는 마흔을 위한 성찰 에세이

미다스북스

마흔, 인생을 다시 시작하라!

20대, 난 누구보다도 회사에서 인정받는 직원이 되기 위해 열정적으로 근무했다.

30대, 첫 아들을 얻은 기쁨도 잠시, 쌍둥이를 갖게 되면서 회사일과 육아를 병행하며 힘든 세월을 눈물과 함께 보냈다.

그 힘든 시간의 사이사이 나라는 존재 자체를 생각할 겨를도 없이 시간은 흘러 어느덧 마흔 살이 되어버렸다. 나에게는 영원히 올 것 같지 않았던 마흔! 어느덧 마흔을 자연스럽게 받아들이며 기쁨으로 오늘을 살아가고 있다.

2, 30대 열심히 일했던 회사는 나에게 너무 힘든 직장이었다. 그래서 난 퇴직할 수 있는 새로운 계기를 찾았다. 그 방법이 미국 이민이었다. 그 순간만큼은 최고의 선택이었고 새로운 돌파구였다. 그 후 마흔 살이 되던 해, 드디어 내가 20년 다닌 회사를 퇴직하게 되었다. 하지만 미국 이민은 나의 철저한 계획보다 현실을 도피하기 위한 하나의 도구였기에 실패할 수밖에 없는 구조였다. 잠깐 좌절했다가 새로운 직업과 만남을 갖게 되면서 난 새로운 희망을 찾았다.

마흔이 되면서 나를 힘들게 하는 것들, 나를 생각하지 못하게 하는 것들로부터 자유로워지면서 난 새로운 목표와 꿈을 꾸는 제2의 인생을 살게 되었다. 내가 좋아하는 일과 공부를 하면서 희망과 꿈을 찾아서 살고 있다. 이러한 과정에 또 다른 고난과 어려움도 있다. 하지만 흔들림이 없는 마흔이기에 이겨낼 수 있고, 웬만한 것에는 흔들리지 않는 강한 멘탈이 있는 마흔이기에 이 또한 즐겁게 받아들일 수 있다.

꿈을 이루는 것이 결코 대단한 능력이 있어서도, 대단한 과정을 밟아서도 아닌 확고한 나만의 목표와 의지가 있을 때 이룰 수 있음을 이 책을 통해서 공감하게 될 것이다.

2, 30대 직장 맘이면 누구나 겪었을 그 순간의 고통과 힘든 시기를 경험과 사례를 통해서 함께 나누고 조금이나마 위로가 되기를 바라는 마

음에서 이 책을 쓰게 되었다. 그 시절 그렇게 나 자신을 바쳐 헌신했음에도 어느 순간 아무것도 아닌 존재가 되어버린 마흔을 맞이한 모든 분들께 오늘날 용기가 되고 도전에 힘이 되는 책이 되길 바란다. 비록 2, 30대 나를 생각할 수 없는 삶 속에서 바쁜 시간을 보내왔지만 소중한 인생을 사는 한 사람으로서 꿈과 목표가 있음을 말하고 싶다.

그 목표를 이루는 과정에 어떠한 조건이 필요한 것이 아니라 오직 꿈을 향한 간절함이 있다면 꿈을 이룰 수 있다는 것을 강조하고 또한 도전하라고 권면한다.

늦었다고 생각하지 마라. 성숙했기에 깊이가 있고, 늙지 않았기에 열정이 있는 마흔이라서 가능하다. 누구에게 잘했다 칭찬받지 않아도, 누구에게 평가받지 않아도 내 삶은 내가 주도하고, 내가 그릴 수 있는 온전한 마흔이기 때문이다.

마흔 인생을 다시 시작하라! 지금이면 충분하다! 열정의 마흔이다!

나 또한 마흔이 되어서 첫 번째 나의 꿈을 이룰 수 있었다. 나를 항상 응원해주고 지지해준 분들 덕분에 이 책을 완성할 수 있었다. 전북문화예술아카데미 신효균 이사장님, 티브로드 전주방송 김신영 대표님, 초록

우산 어린이재단 전북지부 문정훈 본부장님 외 친구 박유경에게 깊은 감사를 전하고 싶다.

퇴근 후 책 쓰기에 집중할 수 있도록 옆에서 항상 배려해주신 양가 부모님께 감사드리며, 가장 든든한 후원자이며 사랑하는 남편 박평근, 연속되는 좌절과 고통의 순간에도 나를 살아 움직이게 해준 이 세상 제일 사랑하는 근호, 동주, 동채 세 아들에게 사랑과 함께 이 책을 선물한다.

2019년 4월

오선미

차 례

1장

지금까지
나는 누구의 삶을
살아왔나

01

문득 '잠깐, 내 꿈이 뭐였더라?'

우연은 항상 강력하다. 낚시 바늘을 항상 던져두라.
전혀 기대하지 않는 곳에 물고기가 있을 것이다.
– 오비디우스(Publius Naso Ovidius)

힘들지만 견뎌내야만 했던 나의 직장 생활

여느 아침과 다를 것 없는 평일 아침이다. 아침마다 느끼는 이 기분은 어쩜 이리도 매일 같을까? 오늘 하루는 쉬고 싶다. 온몸이 쑤시고 피곤하다.

하루쯤 지겹도록 자고 싶다. 그럼에도 불구하고 스스로 안 됨을 몸이 느끼는 건지 무거운 몸은 스스로 일어나서 이불을 정리한다. 자연스레 욕실로 향한다. 서서히 출근 준비를 마친 나는 아들 셋을 차례대로 깨워서 학교 갈 준비를 시킨다. 먹기 싫은 홍삼을 억지로 마시게 하고 안전을 당부한 뒤 도망가듯 출근하는 나는 아들 셋을 둔 직장 맘이다.

세상 누구보다도 바쁜 나는 S그룹을 다니는 직장인이었다. 대한민국 누구나 부러워하는 대기업을 20년 다녔다.

이 직장은 지인들이 보기에 신의 직장이다. 연봉도 많고 복지도 좋기 때문이다. 좋은 대학을 나와 많은 경쟁률을 뚫고 입사하는 엘리트들과 함께 일한다. 더욱더 자부심을 느낀다. 또한 대기업이란 직장은 나에게도 영원히 놓을 수 없는 밥벌이기도 했다. 그리 달콤하진 않아도 그리 행복하지 않아도 놓을 수 없는 이유가 있다. 그것은 안전하다는 것, 남들보다 월급이 조금 많다는 것, 그만둘 수 없는 충분한 이유가 되었다.

아침 7시에 출근해서 때로는 밤 12시까지 때로는 주말까지 업무는 끝나지 않는다. 머릿속에 마음속에 한아름 일을 껴안고 퇴근한다. 회사일은 퇴근 이후까지 집에 와서까지 끝나지 않는다. 업무는 날 항상 힘들게 했다. 하지만 그만두는 건 나에게 인생의 끝이라 생각했다. 그만두어도 할 수 있는 일이 없기 때문이다. 나는 이 일이 평생 직업이라 생각하고 최선을 다하고 다했다. 난 그야말로 회사의 충성스러운 직원이었다. 내 건강보다도, 내 가족보다도, 중요한 가치를 두었으니 말이다. 이 또한 나의 선택이었다. 이 안에서 소소한 행복을 찾아가면서 살아야겠다는 작은 소망만 안고 하루하루 버텨가며 살았다.

그도 그럴 것이 나뿐 아니라 많은 직장인들이 자신이 하는 일에 행복을 느끼면서 일을 하는 것은 아니다. 돈을 벌기 위한 생계 수단인 경우가 많다.

다음은 2017년 5월 18일 재테크 경제 주간지 〈머니 S〉 김유라 기자의 기사 내용이다.

"취업포털 잡코리아가 직장인 526명을 대상으로 실시한 설문 조사 결과에 따르면 직장인 10명 중 3명만이 삶에 만족하고 있는 것으로 조사됐다.

'나의 직업은 내가 하고 싶어 했던 꿈꿔온 일'이라는 문항에는 직장인 51.5%가 '아니다'를 선택했다. '그렇다' 응답은 겨우 28.5%에 그쳤으며 '잘 모르겠다'는 응답도 20%로 적지 않았다. 잡코리아가 제시한 문항 중 '내가 일을 하는 가장 큰 이유는 돈이다'에 대한 반응 중 남성 68.5%, 여성 70.1%로 대답한 부분도 눈길을 끌었다."

나 역시 지금 내가 하는 일이 가족 생계를 위한 단순히 돈을 버는 일이었다.

미래의 비전을 가지고 있는 것도 아니다. 내 꿈을 펼치기 위한 것도 아니다. 어떤 직장보다 높은 연봉에 좋은 복지에 달콤한 사탕을 놓기 싫어서 그렇게도 열심히 뛰었을 것이다. 때로는 그 사탕을 빼앗길까 봐 내 건강보다 가족들보다 회사가 우선이었다. 천천히 천천히 그 사탕 맛에 길들여져 가고 있었던 것이다.

꿈은 때로는 우연하게 때로는 생각하지 못한 곳에서 시작된다

난 아들만 셋이 있는 엄마다. 예전 나의 꿈과 목표가 있다면 아들 셋이 좋은 명문대를 들어가고 좋은 직장을 구하는 것이었다. 큰아들은 의사가 되었으면 좋겠고 둘째 아들은 약사가 되기를 바랐다. 막둥이 아들 역시 누구나 부러워하는 좋은 대학, 좋은 직업을 구하는 것이다. 내가 할수 있는 일은 아이들이 좋은 공부를 할 수 있도록 안정된 수입으로 배우고 싶은 것을 얼마든지 가르칠 수 있게 하는 것이다. 그래서 열심히 일했다. 회사에서 좋아하는 직원이 되기 위해 최선을 다했다. 좋은 고과를 받아서 승격하고 싶었다. 때로는 좋은 고과를 받기 위해서 야근은 기본이며 주말에도 나의 일은 끝나지 않았다. 이렇게도 열심히 일 할 수밖에 없는 이유는 아들 셋을 멋지게 키우고 싶은 목표가 있었기 때문이다.

난 아이들의 의지와 상관없이 내가 원하는 아들들의 미래에 대한 그림을 정해놓고 내가 원하는 직업을 주지시켜 주곤 했다. 내가 열심히 일한 목적이 그 곳에 있었으니 말이다. 큰아들에게 의사가 되면 돈을 많이 벌수 있고 안정된 생활을 할 수 있으며 사회에서 누구에게나 인정받는 사람이 된다고 주지시켜 주었다. 둘째 아들에게는 큰 형이 의사를 하게 되면 약사가 되어 같은 곳에서 약국을 운영하면 된다고 했다. 엄마인 나는 아이들의 미래를 미리 그려놓고 있었다. 막둥이는 자연스레 형들이 잘되면 따라 온다는 나름의 안심이 있었던 것이다. 생각만으로 행복했다. 이미 난 의사 엄마, 약사 엄마, 성공한 세 아들의 엄마가 되어있었다.

그리고는 자연스럽게 아이들이 마치 본인들이 꿈을 꾼 것처럼 확인하고 싶어서 하루는 아들에게 묻게 된다. 둘째 아들에게 들뜬 마음으로 질문을 했다. 자연스럽게 내가 원하는 대답을 바라면서….

"아들~ 아들, 꿈이 뭐야? 커서 뭐가 되고 싶어?" 나의 귀는 이미 즐거워져 있다. 당연히 약사라고 대답이 나올 꺼라 생각하기 때문이다. 하지만 나의 예상은 너무도 크게 빗나갔다. 둘째 아들은 밝은 얼굴로 천진난만하게 나에게 이렇게 말했다. "엄마, 나 이제 12살인데 벌써 뭐가 될 건지 정해야 해요? 얼마나 하고 싶은 것이 많은지 또 변할 수도 있는데 왜 벌써 정해야 해요? 엄마는 어릴 적 꿈이 뭐였어요? 엄마가 되고 싶은 거 됐어요?"

순간 나는 말을 잃었다. 약사라는 말이 나오지 않는 것도 충격이지만 더욱더 충격인 것은 아들의 질문이었다.

"엄마는 꿈이 뭐였어요? 엄마가 되고 싶은 거 됐어요?"

엄마 꿈? 내 꿈? 나? 오선미? 나? 난 몇 번을 되새겨 보게 된다.

내 꿈이 뭐였냐고? 엄마 꿈이 있었냐고? 내가 꿈이 있었나? 난 그날 하루 머리가 굉장히 아팠다. 난 아들들이 명문대를 가고 의사가 되고 약사가 되는 게 꿈이었는데 이게 진정한 내 꿈이었나?

거슬러 난 초등학교 때로 돌아가 본다. 나는 유독 글쓰기를 좋아했다. 매일 일기를 썼을 때도 선생님께 칭찬을 받았다. 일기장에 별 다섯 개 일기가 재밌고 내용이 알차다고 칭찬해 주셨다. 그 내용에는 빨간 색연필로 줄을 그어주시기도 했던 기억이 눈에 선하다.

도내 미래 상상 글짓기 대회에서 상을 받기도 했다. 난 그렇게 자연스럽게 커서 작가가 되고 싶다는 꿈을 갖게 된 적이 있었다.

작가가 되려면 책을 많이 읽어야 하는데 시골에는 동화책을 쉽게 구할 수 있는 여건은 아니었다. 하루는 학교 등교를 하는데 학교 입구에서 책을 파는 아저씨가 있었다. 난 그 책을 사고 싶었다. 지금 기억으로는 20~30권 정도 되는 많은 양의 책이었다. 나는 고민 없이 책을 주문했다. 돈이 얼마인지 초등학생인 나에게는 중요하지 않았기에 무작정 주문을 했다.

내가 태어난 고향은 전라도 임실로 논농사와 밭농사로 생계를 이어가는 시골 중에 시골이다. 그 시골에는 항상 기억에 현금이 많이 없었던 걸로 기억을 한다. 책을 몽땅 주문하고 난 기대에 찼었다. 그 책을 읽을 생각에 말이다. 하지만 내 생각처럼 즐거운 일은 일어나지 않았다. 책을 주문한 아저씨가 책을 몽땅 가져와 아버지에게 책값을 요구하니 시골에서 그 책을 사줄 리 없었다. 오히려 어린아이에게 책을 팔았다는 이유로 아저씨와 아버지는 작은 다툼을 했고 나는 아버지께 혼이 났다.

고등학교 때는 밤새 시를 써서 다음날 읽어보면 부끄러워서 웃던 기억이 있다. 회사 다닐 때 또한 글 쓰는 것을 좋아해서 매일의 일상을 같이 일하는 직원들에게 메신저로 보내기도 했었다. 즐겁게 읽어주는 것이 나의 소소한 행복이었던 것이다. 그래! 나는 글쓰기를 좋아하고 글을 쓰고 싶은 작가라는 꿈을 갖고 있었던 것이다. 그래! 나도 꿈이 있었지! 나에게도 꿈이 있었어! 작가라는 꿈! 그런데 잊고 살았구나.

아들의 스쳐간 말 한마디가 나의 잠자고 있던 꿈의 꽃망울을 살짝 건드려 준 계기가 되었다.

우리에게는 모두 꿈이 있다. 어렸을 적 꾸었던 꿈, 때로는 어른이 되어서 가졌던 꿈!

하지만 바쁜 일상 때문에 꿈을 잊고 살았던 것이다. 하지만 꿈을 이루는 성공자들은 달랐다. 똑같은 바쁜 일상, 어려운 환경, 끝없는 시련 가운데서도 꿈을 잊지 않고 있었다는 것이다. 그리고 그 꿈을 이룰 수 있다는 확신이 있었으며 꿈을 이룬 것처럼 행동했다는 것이다. 간절한 꿈이라면 확실한 믿음을 갖고 그 꿈을 향해 달리다 보면 꿈을 이루게 될 것이다. 포기만 하지 않는다면 말이다.

02

나의 삶을 미루게 한 다른 삶들

명확히 설정된 목표가 없으면 우리는 사소한 일상을
이상하리만치 충실히 살다 결국 일상의 노예로 전략하고 만다.
– 로버트 A. 하인라인(Robert A. Heinlein)

시골 소녀의 대기업 취업은 생각보다 달콤하지 못했다

"여보! 나도 꿈이 있고 목표가 있고 미래가 있는 사람이야! 왜 나를 집
안에 가두려고 해!"

한참의 정적이 흐른다. 전화기에는 아무 소리도 들리지 않는다.

"다음에 애기해!" 뚜뚜뚜….

난 전라도 임실에서 1남 5녀의 넷째 딸로 태어났다. 우리 부모님은 농
사를 짓는 분이다. 시골에서 어느 가정보다 많은 땅을 가지고 있었기에
큰 농사를 지었다. 그렇기에 육남매를 키우는 집안이지만 그렇게 어려

운 가정형편은 아니었던 걸로 어린 시절을 기억한다. 매년 추수철이 되면 여기저기 곳간에 쌀이 가득했다. 농사 지은 농작물이 넘쳐났다. 어린 마음에 우리 집은 누구보다 풍요롭다고 생각하면서 자랐다. 적어도 초등학교 6학년 때까지는 말이다. 하지만 내 인생 최대의 가장 슬픈 일이 너무도 어린 나이에 나에게 찾아왔다. 내 나이 13살, 초등학교 6학년 때의 일이다. 갑작스럽게 어머니가 돌아가셨다. 어머니의 죽음이 우리 가정을 그렇게도 힘들게 할 줄 예상하지 못했다. 아버지 나이 마흔네 살 때의 일이다.

아버지에게 남겨진 건 어린 육남매와 많은 양의 농사일이었다. 막냇동생이 그때 겨우 초등학교 2학년이었다. 무엇보다 더 힘들게 했던 건 아마도 어머니 없이 육남매를 키우면서 그 많은 농사를 지어야 했던 아버지의 무게감이었을 것이다. 어떤 희망도 없었을 것이다. 아버지는 이후로 시골 땅을 팔아 전주시로 이사를 하게 된다. 그 곳의 추억을 잊고 싶으셨던 걸까?

전주로 이사 오게 된 우리 가족. 농사만 지은 아버지가 도시 생활에 적응하기는 그리 쉬운 일이 아니었다. 중학교 시절 우리 가족은 도시 생활이 생각보다 쉽지 않았다. 경제적인 어려움을 중학교 때 알았다. 사춘기 시절 난 우리 집이 여유롭지 못한 걸 불만처럼 얘기했었다고 가끔 언니가 말하곤 한다. 그래서인지 나는 빨리 돈을 벌고 싶었다. 그래서 아버지와 아무런 상의도 없이 실업계 고등학교를 가기로 결정했다. 실업계 고등학교를 가서 다행히 좋은 성적을 받아 S그룹의 대기업에 입사하게 된다.

20살 어린 나이 단발머리에 정장을 입고 회사에 출근하는 나는 가족의 자랑이었다. 나 자신도 자랑스러웠다. 같은 고등학교 친구들은 대학에 들어갔지만 난 20살부터 일을 시작했다. 대학교는 우리 가족에게, 나에게는 사치일 뿐이었다. 그 당시 나를 입사시켜준 회사에게 감사의 표시를 전하고 싶다.

S그룹은 우리나라 최고의 대기업이다. 누구든 기회만 되면 입사하고 싶은 대기업이다. 이 회사에서 일을 하는 나는 참으로 대단한 사람이라고 스스로 느꼈다. 회사에서 주는 월급, 회사에서는 주는 복지는 나를 더욱 자랑스럽게 여길 수 있는 최고의 조건이었다. 하지만 일하는 것만큼은 만만치 않았다. 지금은 전산 시스템의 발달로 업무들이 전산화 되어 있다. 직장인 사생활 보호 차원에서 퇴근도 빨라졌다. 가정의 날이 있어 오후 6시면 전산이 마감되기도 한다. 하지만 입사 당시에는 전산 시스템이 많이 발달되지 않아 많은 일들이 수작업이었다. 그 당시 동기들과 웃픈 얘기로 해를 본 지가 언제인지 기억이 안 난다고 할 정도로 매일이 야근이었다. 아침 8시 이전에 출근해야 하고 수십 가지 일을 하루 종일 처리했음에도 마무리되지 않았다.

그야말로 밤 11시, 12시 때로는 새벽까지도 일을 마무리해야 하는 일이 빈번했다. 당연한 일이었다. 그렇게 일하지 않으면 감당할 수 없는 업무 양이었다. 난 회사의 녹을 먹는 회사의 일꾼이니까 주어진 일은 당연히 내 스스로 마무리해야만 했다. 미결로 인한 업무 실수는 평가와 관련되었다. 나의 20대는 그렇게 엄청난 일 속에 파묻혀 살았다. 나의 모든 생각은 회사 업무에 관한 것이고 미결을 해결해야만 한다는 생각 속에 갇혀 살았다. 모두의 삶이 똑같을 것이라 생각했다. 그 속에 작은 꿈이 있다면 주어진 업무를 잘 해결해서 좋은 고과를 받아서 오직 승진하는 것이 나의 가장 큰 목표이고 바람이었다.

결혼과 출산이라는 또 다른 삶과의 만남

그렇게 바쁜 20대 직장 생활을 하는 중 지금의 남편을 만나 26살에 결혼을 하게 된다. 신혼을 즐기고 싶었지만, 결혼이 무섭게 밥값을 해야 된다며 시어머니는 자녀를 바로 갖기를 바라셨다. 우리 또한 늦게 가질 이유가 없었기에 결혼하는 해에 바로 큰 아이를 갖게 되었다.

대기업을 다니면서 아이를 키우는 일은 만만치 않은 일이었다. 3개월의 육아 휴직을 마치고 회사에 바로 복귀했다. 똑같은 직장 생활 후에 육아는 나를 녹초로 만들기도 했다. 그래도 첫 아이는 나에게 주신 선물이기에 감사함으로 하루하루 또 버티고 살아갔다.

누구에게나 똑같은 삶, 특별하지 않은 삶, 평범한 삶이 사람들은 가장 행복한 삶이라고 한다. 나 또한 그 말에 반기를 들진 않았다. 평범하게 살기가 가장 어렵다고들 하기 때문이다. 난 결혼했고 잘생긴 아들도 가졌고 남들이 보기에 좋은 직장을 다니고 있으니 세상 누구보다 평범한 삶을 살고 있지 않은가? 더 이상의 바람은 욕심이다. 더 이상은 생각지도 않았다. 하지만 나에게 다른 사람보다 조금은 특별한 일이 일어났다. 바로 둘째를 임신했는데 쌍둥이를 임신한 것이다. 첫 아이를 낳고 쉽지 않은 직장 생활 때문에 둘째를 고민했는데 떡하니 쌍둥이를 임신해버린 것이다. 순간 하늘이 무너지는 것 같았다. 쌍둥이는 두 명이라서 2배 힘든 것이 아니라 10배 힘들다고 의사선생님이 단단히 마음먹으라고 말씀하셨다.

그 순간 잠시 나쁜 생각을 한 적도 있었다. 하지만 난 다시 감사함으로 쌍둥이들을 출산하게 된다.

사람에게 주는 시험은 감당할 만큼만 주신다고 하시더니 30대인 나로서는 이해할 수가 없었다. 난 너무도 힘이 들었다. 아이들을 제쳐두고라도 회사일 하나만으로도 난 죽을 듯이 힘든데 그것도 아들 셋을 나에게 주는 것이 과연 선물일까? 왜 나한테 이러시는 걸까? 날 시험하시는 걸까? 온 몸이 아프고 머리는 깨질 듯이 복잡하고 마음은 답답했다. 금요일까지 녹초가 되어 일하고 토요일은 쉬면 좋으련만 울어대는 세 아이들, 쌓인 빨랫감, 어질러진 집안은 나를 다른 생각으로 이끌기도 했었다. 잠시 멍하니 밖을 내다보면서 난 잠시 생각에 잠겼다. 나 이대로 떠나고 싶다. 이곳을 벗어나고 싶다. 그러면 안 되는 걸까? 눈가에는 눈물이 하염없이 흐르고 있다. 지금 그때의 그 모습 그 상황이 생생하게 잊혀지지 않는다.

아들 셋 중 막둥이 아들은 겉으로는 남성적이지만 세심하고 따뜻하고 겁이 많은 편이다. 엄마가 힘든 모습, 아파하는 모습을 잘 견디지 못하는 편이다. 아빠처럼 나를 잘 챙기곤 한다. 네 살짜리 막둥이 아들이지만 그 이상의 든든함이 있기도 한 아들이다. 그렇기에 그날도 나의 처량하고도 슬픈 표정을 먼저 보았다. 막둥이 아들이 나에게 다가와서 울지 말라고 눈물을 닦아 주는 모습이 지금도 생생하고 생각하면 또 눈물이 난다. 아마도 내가 그날 그 자리를 지킬 수 있었던 이유였을지도 모른다. 그 짧은 순간….

나는 그렇게 20대와 30대를 보냈다. 여느 남성들처럼 아침 8시 출근해서 늦은 저녁까지 일하고 퇴근하는 직장인으로 살았다. 남자아이 셋을 키우는 엄마로 살아야 했다.

내가 기억하는 30대는 눈물을 가장 많이 흘렸던 세월이며 아무런 생각 없이 시간을 보내야했던 세월이었다. 나를 위한 삶이 아닌 한 직장의 조직원으로써 조직의 순리대로 살아가야했고 아들 셋을 양육하면서 나라는 존재 자체를 잊고 지내야 했던 시간이었다.

나는 이제 40대 인생을 살고 있다. 예전의 직장은 그만두었고 아들 셋은 고등학생과 중학생이 되었다. 2, 30대를 뒤돌아 볼 때 난 나의 삶을 살지 못했다. 누구라도 그러했을 것이다.

하지만 지금은 나의 삶을 생각하지 못하게 하는 삶들로부터 자유로워졌다.

이제 답은 내 안에 있다. 꿈꾸는 자, 꿈꾸지 않는 자, 행동하는 자, 행동하지 않는 자, 변하는 자, 변하지 않는 자. 나는 이제 40대를 어떻게 보내야 할까? 지난날을 기억하면 그 해답을 찾을 수 있을 것이다. 지금까지 살아온 익숙해진 삶에서 변화하려면 또 한 번의 고통을 겪어야 할지도 모른다. 여자로서의 삶, 아내로서의 삶, 엄마로서의 삶. 하지만 난 내 삶을 꿈꾼다.

그 첫 번째 여정이 남편과의 화합이며 아이들과의 화합이다. 그럼에도 불구하고 난 나를 응원한다. 찬란한 40대를 위해서 찬란한 내 미래를 위해서…….

03

꿈 없이, 목표 없이 20년 넘게 살았다

노력이 계속되고 동기가 지속되며
희망이 여전히 살아있는 한 꿈은 결코 사라지지 않을 것이다.
– 에드워드 케네디(Edward Kennedy)

아무런 목표 없이 달려온 지난 20년 세월

새벽 2시 자판기 두드리는 소리가 멈추지 않는다. 내일 아침 출근해야 하는 날이지만 그 또한 아무 방해도 되지 않는다. 나는 지금 내가 좋아하는 글을 쓰고 있다. 자판기를 두드리면서 글자 한 자 한 자가 흰 공간을 채울 때마다 희열을 느낀다.

나는 글을 쓰는 작가가 되는 게 꿈이다. 꿈을 이루기 위해서 퇴근한 이후 난 하염없이 자판기를 두드리는 게 행복하다. 내가 좋아하기 때문이다. 좋아하는 일을 하는 건 힘든 것도 없으며 어떠한 것도 방해가 되지 않는다. 오직 그 꿈을 향해서 앞으로 전진할 뿐이다.

40대를 살아가는 난 인생의 반을 직장 생활을 하며 지냈다. 돌이켜보니 그곳에서 20년을 보낸 나는 좋은 인연들을 많이 만났고 많은 희로애락을 겪으면서 20년을 보내왔다. 지금까지 좋은 만남을 이어온 선후배역시 직장 생활을 하면서 만난 인연들이다. 인생의 반을 직장 생활로 보냈으니 그 직장은 나의 피와 살과 같은 존재다. 그리고 현재 행복한 생활의 발판이 되어준 회사이기에 감사하게 생각하고 있다.

그럼에도 불구하고 회사를 다닐 당시 나뿐 아니라 동료들은 항상 농담처럼 얘기하고 했던 것이 회사 방향으로는 볼일도 안 본다고 했다. 그 정도로 나의 회사이지만 회사에 대한 애정이 많진 않았다. 우리 회사는 서비스업이기에 민원을 다루는 일도 적지 않았다. 민원 고객을 한 번씩 마무리하고 나면 진이 빠져서 치를 떨곤 했었다. 그러면서도 회사 그만두면 나도 민원 고객이 된다는 얘기를 농담 삼아 할 정도로 회사의 업무가힘이 들었다.

또한 여성 조직이 많은 회사였다. 그런데 승격 문제에 있어서는 여성에게 매우 인색했다. 가장 많은 일처리를 하지만 승격의 문은 낙타가 바늘구멍 들어가기만큼 좁았다. 회사 사장이 바뀔 때마다 제도가 바뀌곤했다. 이런 회사 제도는 일하는 나뿐 아니라 동료들에게도 애정을 가질수 없는 회사일 수밖에 없는 회사였다.

회사를 다니면서 나는 별다른 목표 없이 주어진 상황대로 열심히만 살았다. 목표라곤 승격에 목숨 걸고 열심히 뛴 것이다. 하루하루 아무런 사건 없이 지나가면 다행이었다. 매일의 소망은 민원 고객이 없는 것이었다. 한 달 마감을 주어진 목표만큼 마무리하는 것이었다. 꼬박꼬박 나오는 월급과 상여금으로 아이들을 좋은 학원에 보내면 그걸로 만족했다. 그것이 삶의 전부였다. 매일 축 처진 어깨로 피곤하게 퇴근하는 나의 모습은 아무런 미래나 비전이 없었다.

힘들어 하는 나를 보고 동생이 가끔씩 언니는 그렇게 오랜 세월 같은 일을 했는데도 힘들어하는 것이 이해가 되지 않는다고 말하곤 했었다. 나만 느끼는 힘듦, 같은 동료들만 서로 공감하는 힘듦을 가족들도 지인들도 이해하지 못했다.

오랜 세월 같은 회사를 다니고 같은 일을 했음에도 불구하고 힘들었던 것은 다름 아닌 꿈의 부재였다. 꿈이 있는 사람은 행복하다. 희망적이며 미래가 있고 힘듦을 이겨낼 힘이 있는 것이다.

내가 가장 힘들었던 이유는 나만의 진정한 꿈과 목표 없는 삶을 살았기 때문이다. 얼마 전 뉴스에서 대기업 퇴사 후 본인이 하고 싶은 PD일을 하는 사연이 나온 기사를 본 적이 있다. 본래 하고 싶은 일은 방송 PD였다. 2번의 실패로 어쩔 수 없이 대기업에 원서를 냈고 대기업에 취업했다. 하지만 원하지 않는 일이라서 행복하지 않았다.

결국 사표를 내고 지금은 방송 PD일을 하고 있다는 기사 내용이었다. 연봉은 대기업보다 높진 않지만 내가 하고 싶은 일을 하기에 행복하다고 말한다. 힘듦도 이겨낼 힘이 생긴다고 말한다. 난 이 기사를 보고 너무 기사 내용에 감동하면서 공감했었다.

헌 밧줄을 놓고 새 밧줄을 잡다

서른 살 중반부터인가 나는 회사에 비전이 없음을 인식하고 퇴직에 항상 목말라 있었다. 하지만 퇴직 후 할 수 있는 일이 없었다. 회사 퇴직은 그야말로 내가 할 수 있는 모든 일을 놓는 거라 생각했다. 가끔은 50세까지만 일하고 그만둬야지 하는 대책 없는 계획도 세우곤 했었다.

하지만 갈수록 힘들어지는 회사 생활은 자꾸 도피하고 싶은 마음으로 연결됐다. 그 방법 중에 한 가지 방법이 우리나라를 떠나는 것이었다. 꽤 괜찮은 방법이었다. 아이들을 일부러 유학도 보내는데 아이들 교육도 시킬 겸 외국으로 이민 가는 방법을 알아보곤 했다. 아무런 준비도 없이 무조건 떠나려는 위험한 생각, 철저한 계획 없이 일단 떠나고 보자라는 위험한 행동을 난 실행하고 말았다. 하지만 그 순간만큼의 퇴직은 너무나 달콤했다.

『선물』의 저자 스펜서 존슨은 말했다.

"멋진 미래의 모습이 어떠한지 그림을 그려라. 현실적인 계획을 세워 그것을 달성할 수 있게 하라. 계획을 지금 이 순간 행동으로 옮겨라."

그렇다. 내가 하고자 하는 일과 내가 가고자 하는 일에 명확한 목표가 있어야 한다. 철저한 계획도 있어야 한다. 그 목표와 계획이 확실할 때 행동으로 옮긴다면 성공의 확률이 높을 것이다. 하지만 난 도피성의 계획을 세웠던 것이다. 당연히 실패할 수밖에 없는 구조였던 것이다. 많은 사람들은 "저 사람은 운이 좋은 사람이야! 이번에는 운이 좋았어!"라고 말한다. 하지만 운은 그냥 어느 날 하늘에서 갑자기 뚝 떨어지는 게 아니다. "운이란 준비가 기회를 만났을 때 오는 것"이라고 한다. 준비 없는 이민, 직장 생활 도피용 이민이었기에 성사되지 않는 건 당연한 것이었다. 인생의 최대위기를 맞은 것일까? 난 이제 어떻게 되는 걸까?

나의 삶은 이제 더 이상의 의미가 없었다. 사람들을 만나는 것이 두려웠다. 즐겨하던 골프도 등산도 의미가 없었다. 아이들이 학교를 가도 난 관심이 없었다. 나의 몸은 살아 있지 않았다. 삶이 무의미 그 자체였다. 아무 생각 없이 아무런 감각 없이 하루하루 그렇게 지나가고 있었다.
하고 싶은 것도, 먹고 싶은 것도, 욕심도 열정도 없는 시간은 나의 인생 중 최악의 시간이었다. 그렇게 나는 3개월은 내가 아닌 껍데기로 살아가고 있었다.
그러던 중 나를 깨우는 사건이 있었다. 3개월 동안 그렇게 무의미하게 누워 있었지만 아이들은 단 한 번도 나에게 불만을 터트린 적이 없었다. 아니 있었어도 듣지 않았을 것이다.

오후 3시가 넘어서 학교 마치고 온 아이들 난 여전히 침대 속에서 나오지 않고 있었다.

배가 고팠는지 간식을 찾는다. 쌍둥이 둘의 대화이다.

"먹을 것이 없네."

"엄마한테 말할까?"

"아니, 엄마 힘드니까 라면 사와서 먹자."

큰소리가 아닌 둘의 속삭이는 듯한 대화이다.

그날은 왜 그 말이 들렸을까? 순간 생각했다. '내가 미쳤구나. 내가 왜 이러고 있나.'라는 신호가 나에게 들리기 시작했다. 저렇게 착한 아이들을 놔두고 내가 왜 이러고 있을까?

난 그날 이후 조금씩 움직이기 시작했고 무조건 일을 하기로 결심하게 된다. 내가 이렇게 사는 건 나답지 않아. 무조건 일을 하자. '일'이란 목표가 생기니까 내 몸은 다시 살아나기 시작했다. 지금의 나를 있게 한 첫 시작이었다.

"행복의 문 하나가 닫히면 다른 문들이 열린다. 그러나 우리는 대게 닫힌 문들을 멍하니 바라보다가 우리를 향해 열린 문을 보지 못한다."

– 헬렌 켈러(Helen Keller)

지금의 하고자 하는 일이 안 된다고 해서 행복이 끝나는 건 아니다. 인생이 끝나는 것도 아니다. 또 다른 행복의 문은 열려있는데 우린 그 닫힌 문에 미련을 버리지 못하여 열린 문조차 보지 못한다. 지난 과거가 아무리 빛나더라도 우린 뒤로 가는 삶을 살진 않는다. 앞으로의 삶을 살아간다. 그 앞으로의 삶에는 내가 경험하지 못한 신비로움이 있을 것이다. 새로운 인생을 거부하지 말고 받아들여라. 더 큰 문, 더 화려한 문이 당신을 기다리고 있을지 모르니……

04
그냥 살고 있는 나는 중증 월요병 환자

진심으로 웃기 위해서는 고통을 참을 수 있어야 하며
나아가 고통을 즐길 줄 알아야 한다.
− 찰리 채플린(Charles Chaplin)

직장인들의 공감 병, 월요병을 앓고 있는 나

월요병이란 주말에 흐트러진 생체리듬 때문에 원래의 리듬으로 적응
하는데 나타나는 신체적인 현상이다. 주말 동안의 휴식에 대한 미련이
남아 있기 때문에 월요일은 새로운 한 주를 시작해야 한다는 심리적 긴
장감으로 스트레스성 두통이나 우울증이 올 수 있다. 비단 월요일뿐만
아니라 긴 휴가 후에도 비슷한 증상이 나타난다. '병'이라는 단어를 담고
있지만 실제 치료가 필요한 의학적 질병이나 정신 질환 따위는 아니다.

주말 동안 적당한 휴식을 취하고 평상시와 같은 수면 시간을 유지하는
것이 좋으며, 충분한 비타민 섭취가 도움이 된다고 한다.

직장인들이 회사를 가장 그만두고 싶을 때는 언제냐는 질문에 '매일'이라는 웃지 못할 설문조사를 본 기억이 있다. 직장을 다녔던 나로서도 십분 백분 이해가 가는 내용이다. 매일 아침마다 출근의 두려움은 더욱더 크다. 막상 출근하면 일과의 사투 때문에 언제 그랬냐는 듯 하루를 열심히 보낸다. 그러면서도 왜 그리도 아침마다 출근하는 것이 그렇게도 힘들고 어려웠던 것일까? 마치 도살장으로 끌려가는 것처럼 그리도 힘든 직장 생활 중 아침시간은 참으로 힘든 시간이다. 그중에서도 단연 월요일 아침이면 그 두려움은 배가 된다. 나 또한 심한 월요병을 앓고 있는 환자 중의 하나였다.

일요일 오후 시간이 되면 그 병은 최악의 상황으로 치닫는다. 가족들 모두가 긴장 상태다. 가족 행사나 모임 등은 가급적 일요일 오후 5시 이전에 마무리를 해야 하는 습관 같은 게 있었다. 그 시간 이후가 되면 출근에 대한 불안감과 불편함으로 인해 어떠한 재미도 흥미도 떨어지기 때문이다. 뭔지 모를 불안감, 긴장감은 가족 모두를 힘들게 했던 기억이 있다. 일요일 오후 시간이 되면 "여보! 왠지 기분이 다운돼요! 기분이 안 좋아요!"를 습관처럼 말했었다. 아이들이 그 말을 듣게 될 거라는 생각은 하지 못한 채 내 우울한 기분을 표시내곤 했었다. 그러던 어느 날 우리 아들이 "엄마, 기분이 안 좋아요."라고 나와 똑같은 표현을 하는 걸 보고 남편이 나에게 주의를 준 적이 있었다. 그런 주의를 받았음에도 월요병은 치료되지 않았다. 월요일 출근에 대한 두려움은 나 혼자 이겨내야 할 큰 마음의 병이었다. 직장에 대한 두려움이었다.

난 지금 약간의 불면증도 앓고 있다. 대기업을 20년 다니면서 출근에 대한 부담, 업무에 대한 걱정, 실적에 대한 고민으로 잠을 뒤척이곤 하는 날이 많았다. 그것이 습관처럼 되어 불면증이 되어 버렸다. 다음날 무사하기를 바라는 맘으로 밤을 새는 일이 허다했다. 나는 사무직을 전문으로 하는 일이었다. 하지만 영업이 주 업무인 회사이다 보니 모든 업무 평가가 순위로 평가된다. 아침마다 오는 일보는 나를 웃게도 울게도 만들었다. 욕심이 비교적 많은 나는 전 항목이 순위권 안에 들어야지만 직성이 풀렸다. 하지만 너무도 많은 양의 업무에서 전 항목이 순위권 안에 드는 일이란 쉽지 않았다. 비교적 포지션이 낮은 항목을 포기하고 가야지 중요한 일에 집중할 수 있기 때문이다. 그래도 낮은 순위 안에 내 이름이 있는 건 나 스스로에게 고통을 주는 일이었다. 나의 직장 생활은 참으로 힘들고 어려웠다.

월요병을 영원히 치유할 수 있는 방법은 없을까?

그 힘든 직장을 달래고 싶은 마음에서일까? 나는 사무실에서 차로 40분쯤 떨어진 곳으로 이사했다. 이곳은 예전의 살던 집에서 20분쯤 떨어진 곳이지만 옥정호를 끼고 있는 아름다운 아파트이다.

임실 옥정호는 섬진강 다목적댐을 만들면서 생긴 거대한 인공호수로 유역 면적 763㎢, 저수 면적 26.3㎢, 총 저수량은 4억3천 톤에 달하여 호남평야를 적셔 곡창지대로 만드는 다목적 댐이다. 옥정호는 노령산맥 줄기로 호남정맥이 지나가는 오봉산, 국사봉, 회문산과 연계되어 있고 오봉산과 국사봉 산이 호수를 양팔을 벌려 감싸 안은 듯한 풍경과 사계절 다르게 보이는 옥정호 붕어섬은 사진작가가 많이 찾는 최고의 명소이다. 아침 햇살을 받아 호수 면으로부터 아지랑이처럼 피어오르는 물안개는 마치 신선이나 노닐 법한 풍경으로 국사봉에서 보는 옥정호 붕어섬은 최고의 백미로 마치 백두산 천지에 와있는 듯한 착각을 일으키게 한다. 이러한 옥정호의 풍광을 가까이 느낄 수 있도록 호수 주변에 물안개길 13㎞을 조성해서 많은 탐방객이 옥정호를 찾고 있다.

– 한국관광공사 여행지 소개 정보 참고

우린 큰아들이 초등학교 1학년 때 이곳에 터를 잡았다. 미소천사라 불릴 만큼 밝고 잘 웃던 아이가 직장 생활로 바쁜 부모 때문에 학교에 학원에 지쳐 있었던 것이다. 웃음을 잃은 아이가 너무 안쓰러웠다. 미안했다. 그래서 선택한 것이 아이들만이라도 자연에서 키우고 싶은 마음에 모든 학원을 다 끊고 시골로 들어갔던 것이다. 직장 생활로 지친 나에게도 뛰어 놀기 좋아하는 아들 셋에도 그곳은 천국이나 다름없었다. 직장을 다니는 나에게도 행복한 순간이 있다면 금요일 저녁이었다. 금요일 업무를 마치면 나는 서둘러 행복의 공간으로 달려갔다. 그리고 친구들과 친척들을 집으로 초대해서 주말을 즐기는 것이었다. 친구들과 친척들을 집으로 초대하는 것이 내 삶의 작은 행복이었다. 친구들을 불러 자연과 더불어 고기를 구워 먹고 아름다운 옥정호를 보면서 마시는 커피 한잔이 일상의 피로를 씻어주었다.

하지만 그 행복은 영원하지는 않았다. 친구들이 떠나고 나면 이제는 다음날 출근해야 하는 공포감, 두려움이 나를 짓누르곤 했다. 왜 그렇게도 힘든 직장을 난 그만두질 못할까? 항상 그런 고민 속에 살았다. 마음속에 사표를 써 가지고 다녔지만 쓰지 못했다. 어떠한 준비가 없었기 때문이다. 힘듦을 벗어나고 싶었지만 아무것도 할 수 없었다. 어쩌면 그 월요병을 치유할 방법이 없었기에, 돌파구가 없었기에, 별다른 방법이 없었기에 이것을 놓지 못한다는 것을 알기에 그렇게도 큰 공포이고 두려움을 안고 살았을지 모른다. 나는 어느 순간부터 회사를 다니면서도 가장 간절한 것이 있었다면 회사를 그만두는 것, 적당한 사유로 회사를 그만두는 것이었다.

나의 월요병은 퇴직 외에는 고칠 방법이 없다. 나는 그것을 잘 알고 있다. 나는 성격이 조금은 내성적인 편이다. 밖으로 보기에는 사람들이 밝고 긍정적이라고 말하는 편이다. 하지만 나 스스로 나의 진정한 성격을 감추는 편이다. 들어내지 않는 편이다. 나의 소심함이 다른 사람들에게 들어나는 것이 싫기 때문이다. 주변 사람들이 보기엔 그저 평범하게 직장 생활하고 있는 것으로 보였을 것이다. 그 힘듦을 겉으로 많이 표현하진 않았기 때문이다. 그렇기에 스스로 더 힘든 직장 생활을 했을지도 모른다. 또한 그러한 성격 때문인지 실적에 대한 부담도 적잖게 가지고 있었다. 남들로부터 인정받지 못하는 것을 받아들이지 못하는 성격이다.

이 또한 나를 힘들게 하는 부분이기도 했다. 지금 생각해보면 아무것도 아닌 일에 너무도 소심했던 나. 그렇게도 머리를 쥐어뜯고 고민했던 나. 심장이 벌렁거려 나도 모르게 등에 식은땀이 났던 수많은 사건들은 나를 그렇게도 옥죄고 있었던 것이다. 그만두고 싶었다. 벗어나고 싶었다. 다른 길을 찾고 싶었다. 난 월요병에서 벗어나고 싶었다. 두려웠기 때문이다. 출근하는 매일이 두려웠고 불면증이 너무 힘들었기 때문이다. 그러던 어느 해 나의 퇴사의 간절함을 이루는 사건이 왔다.

미국 이민이었다. 나에게는 기회였다. 희망이었다. 돌파구였다. 그렇게 나는 시원스럽게 사표를 던졌다. 나의 직장 생활은 나의 40년 인생 중 20년을 바친 나의 몸이나 다름없었다. 그럼에도 불구하고 시원하게 던진 사표였다. 살고 싶었다. 그 지긋지긋한 병에서, 고민에서, 걱정에서 벗어나는 방법이었기 때문이다. 그 선택만이 행복을 찾는 것이었다. 나에게 만큼은….

아인슈타인은 말했다. "세상에서 가장 위험한 일은 위험을 전혀 감수하려 하지 않는 것이다. 잡고 있는 헌 밧줄을 놓아야 새 밧줄을 잡을 수 있다. 똑같은 일을 비슷한 방법으로 계속하면서 나아질 것을 기대하는 것만큼 어리석은 일은 없다."

어찌 보면 대기업은 나에게 안전하고 적당히 먹고 살 만큼의 보장은 해주는 건 사실이다. 하지만 난 행복하지 않았고 마음이 건강하지도 않았다. 꿈이 없었으며 미래가 없었다. 난 그래서 지금의 헌 밧줄을 놓고 새 밧줄을 잡는다. 그 밧줄이 위험할 수도 더 힘들게 할 수도 있다. 하지만 난 확실히 안다. 새 밧줄에는 희망이라는 것이 있고, 새로움이 있다는 것. 그것하나면 충분하다. 나를 사랑하기 때문에 선택한 새 밧줄이기에 위험이 있어도 그것은 짜릿함이 있기에 기대도 있다.

05

마흔의 문턱에서 가장 후회되는 것은?

길게 보면 위험을 피하는 것이 완전히 노출하는 것보다 안전하지 않다.
겁내는 자는 대담한 자만큼 자주 붙잡힌다.
– 헬렌 켈러(Helen Keller)

배움을 게을리했던 나 자신을 후회

"누구나 한번쯤은 자기만의 세계로 빠져들게 되는 순간이 있지. 그렇지만 나는 제자리로 오지 못했어. 되돌아 나오는 길을 모르니 너무 많은 생각과 너무 많은 걱정에 온통 내 자신을 가둬두었지. 이젠 이런 내 모습 나조차 불안해 보여. 어디부터 시작할지 몰라서 나도 세상에 나가고 싶어. 당당히 내 꿈들을 보여줘야 해. 그토록 오랫동안 움츠렸던 날개 하늘로 더 넓게 펼쳐 보이며 날고 싶어……."

가수 임재범이 부르는 '비상'이라는 노래가사다. 나의 마음을 대변이라도 하듯 시원하게 울려 퍼지는 이 노래가 내 가슴을 확 뚫리게 한다. 나도 당당히 내 꿈들을 향해 날갯짓을 하고 싶어진다. 그 동안 오랫동안 움츠렸던 많은 세월들을 뒤돌아보면서.

난 이제 40대를 살아가고 있다. 하지만 지난 세월을 돌아봤을 때 후회되는 것들이 많았다. 그 첫 번째로는 배우고 싶은 것들을 제대로 배우지 못한 것에 대한 후회다. 언젠가는 시간이 나겠지. 아이들 크면 그때 가서 배워야겠다. 여유가 생기면 그때 시작해야지. 항상 나와 관련된 모든 것들은 다음에! 아직은! 이란 단어로 2순위 3순위로 미루곤 했다. 시간이 언제나 생길 줄 알았던 것으로 착각한 것이다. 하지만 시간은 흘러 어느새 40대를 살고 있다. 배움이란 때가 있다고 어른들이 말씀하신 것이 조금은 이해가 된다. 난 직장 퇴직 후 이민을 준비하면서 배우고 싶은 것들을 하나하나 배우기 시작했다. 그 첫 번째로 기타였다. 기타는 내가 가장 배우고 싶었던 악기 중에 하나였다. 기타를 배워서 멋지게 노래하는 모습을 상상하기도 했다. 기타를 잘 배워서 봉사하는 모습을 상상하곤 했다. 그래서 가까운 기타학원에 등록해서 기타를 배우기 시작했다.

기타학원에는 중학교 남학생들이 주로 기타를 배우고 있었다. 난 중학교 남학생들 사이에서 같이 기타를 배우기 시작했다. 학생들의 눈은 나를 신기한 듯 쳐다보기도 했다. 난 너무 기뻤다. 기타를 배울 수 있는 여건이 있다는 것 자체가 너무 행복했다. 하지만 생각처럼 기타 배우는 것은 쉽지 않았다. 20년 만에 보는 악보가 눈에 잘 안 들어온다. 눈과 손이 따로 놀았다. 악보를 자주 다루는 학생들은 왜 그리도 잘하는지 부럽기도 하고 창피하기도 했다. 하지만 포기하면 안 된다는 신념으로 계속 학원을 다녔다. 3개월이 되어도 진도는 빨리 나가지 못했다. 더듬더듬 하나하나 배워나갔지만 학생들과 진도를 맞추기는 힘들었다.

그래도 기타를 배울 수 있어서 늘 행복했다. 그래서 가끔은 아주 느리고도 쉬운 노래를 녹음해서 친구들에게 보내기도 했었다. 하지만 기타는 나와 인연이 그리 길지 못했다. 미국 이민을 준비하는 과정에 비자가 승인이 안 되는 엄청난 사건이 터지면서 난 삶의 의욕을 잃어버리고 그렇게 기타는 3개월 인연으로 끝이 났다.

세상에는 하고 싶은 일, 할 수 있는 일, 배우고 싶은 것, 공부하고 싶은 것들이 너무도 많은데 난 왜 그리도 시간에 끌려서 그렇게 살아왔는지 모르겠다. 단지 직장을 다니면서 돈을 버는 기계일 뿐이었다. 아들 셋을 키운 엄마로써 너무나 열심히 살아왔다고 언제나 합리화했을 뿐이다. 그런 게을렀던 나 자신이 가끔은 후회된다. 내가 하고 싶은 일, 내가 되고 싶은 것에는 아무런 생각도 없이 대책도 없이 여기까지 와버렸다. 바쁘다는 핑계로 아무것도 하지 못했다. 아니 안했다. 직장이란 울타리와 가정이란 울타리 안에 꽁꽁 묶인 끈질긴 나무줄기처럼 그곳에서 헤어나오지 못했다.

만남을 두려워했던 나 자신을 후회

내가 마흔을 맞이하면서 두 번째로 후회되는 것이 있다면 아무런 꿈 없이 목표 없이 살아왔다는 것이다. 배움 없이 여기까지 온 것도 꿈과 목표가 없었던 이유이다. 그저 꿈이고 작은 목표라면 아이들을 잘 키워서 좋은 대학, 좋은 직장을 갖게 하는 것이었다. 월급 받아서 모은 돈으로 해외여행가서 힐링 정도 하면 행복했다. 좋은 아파트 구입한 것 또한 자랑거리였고 퇴직 후에 커피숍이라도 차리면 그건 대단한 사람쯤으로 생각하는 것이 다였다. 생각의 한계는 항상 거기까지였다. 독서를 해도 오직 아이들 교육을 위한 독서를 했다. 마음을 다잡고 열심히 살아보려는 다짐 또한 회사에서 주어진 일에 최선을 다해 승격하는 것이 나의 온전한 목표였다. 내가 그런 생각과 그런 목표를 가진 데는 그만한 이유가 있다.

그것은 나와 똑같은 생각과 나와 비슷한 생각을 가진 사람들 속에 있었기 때문이다. 그 갇힌 생각에서 끄집어내줄 어떠한 것도 없었기 때문이다. 그것이 책이든 사람이든 분명하게 필요한데 말이다.

또 하나 가장 후회되는 부분이 있다면 만남에 대한 부담감 때문에 새로운 만남을 시도하지 않았고 피한 것이다.

마흔이란 중턱에 살고 있는 지금 나는 어떠한 축복보다 만남의 축복을 위해 기도한다. 인생은 어떠한 사람을 만나느냐에 따라 완전히 달라지기 때문이다. 그렇기에 난 지금 새로운 만남을 두려워하지 않는다. 내 인생의 등불이 되어줄 멘토를 만나는 것은 그야말로 나에게 축복이기 때문이다. 내 인생의 멘토라는 책을 펴낸 남경홍 작가는 『내 인생의 멘토』라는 책에서 이렇게 말한다.

"인생을 살아가면서 우리가 멘토 한 명만 만나더라도 우리들의 인생은 엄청난 도약을 이룰 수 있다고 한다. 그러나 우리 보통 사람들은 살아있는 진정한 멘토를 단 한 번도 만나지 못하거나 만나고도 이를 알아보지 못한다. 결국 우리 보통 사람들은 스스로 멘토를 만들거나 간접적 멘토를 통해 배울 수밖에 없다. 필자 또한 인생을 살아오면서 멘토를 만나지 못해 간접 체험인 책을 통해서라도 위인들을 만나면서 가장 필자에게 영향을 준 한 분을 멘토로 정하고 그분의 말씀과 삶을 나의 삶의 표본으로 삼고 살아가고 있다."

참으로 공감이 가는 얘기다. 우리의 삶은 내가 경험하지 못하는 것들 속에서 방향을 잃거나 때론 잘못된 선택에서 수많은 손실을 보기도 한다. 하지만 멘토는 경험을 통해서 습득한 지식을 가지고 있으며 누구보다 정답을 알고 있는 스승이기도하다. 그런 멘토를 얼마나 많이 알고 있는지는 성공확률에 비례한다고 볼 수 있다. 그런데 나는 그런 멘토를 만나도 받아들이지 못하고 있었다. 만나려 하지도 않았다. 아무리 총으로 쏘아도 터지지 않는 단단한 캡슐을 쓰고 있었던 것이다. 마치 새로운 사람을 만나면 부작용이라도 생기는 사람처럼 말이다. 새로운 만남의 두려움은 어찌 보면 내 성공의 앞길도 같이 막고 있었을지도 모른다.

새로운 만남이 두려웠던 이유가 있다. 새로운 것에 적응하는 것이 부담이었다. 세상적인 대화를 하는 그들이 나에게는 어려운 존재이기도 했다. 나에게 필요하지 않다고 생각한 부분이 컸다. 회사 생활하는 데 회사 동료들 외에는 나에게 그다지 도움이 되지 않는 사람들이라고 단정 지었다. 스스로 만남을 밀어내고 있었다. 편안함이 좋았기 때문이다. 직장이라는 너무도 단단한 그 상자 안에서 나오기가 그렇게도 두려웠던 것이다. 그래서인지 난 부부 모임도 나가기 꺼려했다. 부부 모임에 나가면 남편 친구 아내들과 대화를 하는데 난 회사 일에 관한 대화 외에는 재미가 없었다. 아이들에 대화로 주제를 돌려도 회사 직원들과 하는 대화처럼 재미가 없었다. 난 내안에 있는 사람들 외에는 전혀 관심이 없었고 사귐이 귀찮았다. 어쩌면 일하는 부담감의 무게, 아이들을 키우면서 바쁜 직장 생활을 해야 하는 무게감이 나의 생각을 너무도 짓누르고 있었기 때문이었던 것 같다.

이제 나는 마흔의 문턱을 넘어서며 후회되는 것들에 하나하나 재도전할 것이다. 내가 그렇게도 배우고 싶었던 것들, 하고 싶었던 것들을 하나씩 하나씩 배워갈 생각이다. 악기도 배울 것이고 하고 싶은 운동도 할 것이다. 무엇보다 내가 원하는 꿈과 목표를 세우고 그 목표를 향해 나아갈 것이다. 또한 새로운 만남을 두려워하지 않고 감사함으로 받아들일 것이다. 멘토를 만나 그 목표를 향해 같이 고민하면서 한 단계 한 단계 성장하는 내가 될 것이다. 나는 지금 두 번째 인생을 사는 것처럼 살고 있다. 첫 번째 살았던 내 인생이 후회되는 것들로 가득 찼다면 이제는 새로운 희망과 목표와 행복만이 존재할 뿐이다.

06

이제는 새장 밖으로 날아오를 때

인생은 흘러가는 것이 아니라 채워지는 것이다.
우리는 하루하루를 보내는 것이 아니라 내가 가진 무엇으로 채워가는 것이다.
– 존 러스킨(John Ruskin)

드디어 새장 밖으로 나오다

"마흔은 내 안의 숨은 잠재성을 발견하기 가장 좋은 나이라고 너무 늦
지도 빠르지도 않은. 그야말로 무언가를 새롭게 시작하기에 딱 좋은 나
이라고. 잘하지 못해도 좋고. 재능이 부족해도 좋으니. 오랫동안 꿈꿔오
던 그 무엇을 꼭 걸음마를 시작하는 아기의 심정으로 배워볼 만한 나이
라고. 더 이상 이게 과연 내 적성에 맞을까, 내가 과연 이 일에 재능이 있
을까 스스로에게 과도한 질문을 퍼부으며 괴로워하지 않아도 좋은 나이.
이 나이쯤 되면 독학도 두렵지 않고 선생님의 꾸중도 웃음으로 넘길 수
있는 여유가 생긴다."

– 정여울, 『마흔에 관하여』 중에서

20살에 회사에 입사하여 한 직장에 20년 가까이 근무했다. 20년이면 어떤 일이든 전문가라고 인정받을 수 있는 기간이다. 하지만 난 전문가라는 소리를 듣지 못했다. 한 달을 다람쥐 쳇바퀴 돌듯 똑같은 일정 속에서 일하는 단순 사무직군일 뿐이었다. 나에게만큼은 무엇이 그렇게도 힘든 일이었는지 난 항상 퇴직을 배고파했었다. 그래서 난 퇴직할 수 있는 방법을 열심히 찾아 헤맸다. 20년 가까이 일한 나 자신에게 충분하게 애썼다고 스스로를 위로하곤 하면서 말이다.

세상은 내가 생각하지 않는 일은 벌어지지 않는다고 한다. 그렇게도 퇴직을 목말라한 나에게 퇴직의 기회가 온 건 미국 이민이었다. 꽤 괜찮은 계획이었다. 우리는 사업비자로 미국 이민을 갈 계획을 세웠다. 미국에서 사업할 것도 이미 구상되어 있었고 꽤 괜찮은 조건이었기에 우리 가족은 미국 이민을 계획하고 난 시원하게 사표를 냈다. 회사를 나오는 건 시원섭섭했다. 20년이란 긴 시간 동안 내 청춘을 쏟은 곳, 눈물 콧물로 밤을 지새웠던 기억들이 하나하나 스쳐지나갔다. 좋은 많은 인연들과 동고동락하면서 힘든 가운데 많은 추억이 깃든 곳이다. 나의 가장 화려하고 건강한 2, 30대를 바쳤던 곳, 제2의 친정 같은 곳이다.

아무리 나를 힘들게 했던 곳이래도 난 평생 이 직장을 잊지 못할 것이다. 아이들을 여유롭게 키울 수 있었고 기업정신을 알게 한 곳이다. 내가 사회에 나가서 적응할 수 있도록 바탕이 되어준 고마운 곳이기 때문이다. 그렇게 나는 마흔이라는 나이가 됐을 때 울타리 안의 직장을 놓고 새로운 도전을 시작했다.

세상 밖은 위험하고 안정된 먹이가 없는 건 사실이다. 하지만 난 정해져 있는 먹이가 아니라 더 맛있는 먹이, 더 풍성하게 먹이를 찾아 넓고 넓은 창공을 날 것이다. 두 날개를 활짝 펴고 끝없이 날아갈 것이고 힘들면 쉬어갈 것이다. 이 하늘은 날 수 있는 건 내 마음이고 내가 주인이기 때문이다.

마흔 살 되던 해 젊은 시절 꿈꾸지 못하고 목표가 없는 나에게 꿈을 꿀 수 있고 목표를 가질 수 있는 환경이 주어졌다. 나에겐 사랑스런 아들 셋이 있다. 이제는 나의 손을 벗어나서 스스로 자기 일을 할 줄 아는 나이가 되었다. 직장 다닐 때 퇴근이 늦은 나는 항상 아이들에게 학교 다녀와서 스스로 할 수 있게 많은 것을 주문하곤 했었다. 그 당시 아이들에게 언제나 미안했고 아이들에게 엄마의 빈자리가 때로는 안쓰러워 잠자기 전 눈물을 흘린 적도 많았다. 하지만 아이들은 생각 외로 너무나 잘해주었다.

우리 가족은 큰아들이 초등학교 1학년 때 전주에서 20분쯤 떨어진 시골 학교로 전학을 갔고 집 터전을 그곳에 잡았다. 마암초등학교라는 자그마한 시골 초등학교이다. 학생수가 70여 명으로 가족 같은 학교다. 우리 가족과 같은 생각은 가진 가정들이 있었다. 다행히 우리 세 아이들과 친구할 수 있는 집들이어서 감사했다. 늦은 퇴근으로 아이들 식사 시간을 훨씬 지나서 도착하는 날이 많았는데 그러면 친구 집에서 아이들 저녁을 챙겨주곤 했었다.

항상 감사를 느낀다. 친구 엄마는 항상 아이들이 스스로 잘 해주고 있다고 안심시켜주곤 했다. 큰아들이 아빠 역할처럼 잘 하곤 했다. 집에 오면 시간대별로 할 일이 예정되어 있다. 책을 읽어야 할 시간, 영어 비디오를 시청해야 할 시간, 과제할 시간 등을 정해두었다. 친구엄마의 말로 친구 집에서 놀다가도 시간이 되면 가야 한다고 하고 자리를 뜨는 것이 신기한 듯 말하기도 했었다. 그래서인지 우리 세 아들은 일찍 독립을 배운 것 같다. 가끔 한 번씩 엄마가 회사 그만두는 걸 원하는지 물어보면 다니는 쪽을 택했다. 아이들에게 열심히 살아가는 모습을 보여주는 것 또한 어떤 교육보다 좋은 교육인 것 같다.

어버이날 아이들이 쓰는 편지 내용에는 항상 이런 문구가 있었다. "절 낳아주시고 길러주셔서 감사해요. 좋은 학교에서 공부할 수 있게 해주셔서 감사해요. 좋은 환경에서 자랄 수 있도록 해주셔서 감사해요." 바쁜 엄마 덕에 힘들 것이라고만 생각했던 아이들이 자그마한 것에 감사를 느낀다는 건 참으로 나에게도 감사한 일이다.

그렇게 난 직장을 그만두었고 아이들을 위해서 남은 시간을 투자해야 했던 시간에서 조금은 자유로운 몸이 되었다.

준비되지 않는 기회는 오지 않는다

난 노란색을 참 좋아했다. 노란색은 내가 볼 때 따뜻하고 안정되어 보이기 때문이다. 3월에 피는 노란 개나리를 보면 참 마음이 따뜻해지고 밝아지는 느낌이 있다. 하지만 이제는 노란 색을 좋아하지 않는다. 그만한 이유가 있다. 난 회사를 퇴직하고 미국 이민을 준비했다. 일단 미국을 가려면 사업용 비자를 받아야 한다. 관련된 서류를 준비해서 주한미군대사관에서 인터뷰를 통과해야 비자를 받을 수 있다. 우린 부푼 기대를 안고 대사관에 가서 인터뷰를 하게 되었다. 대사관 안의 분위기는 엄숙하고 조용했다. 다들 비자가 승인되기를 바라는 마음으로 인터뷰 내용을 검토하는 사람들의 긴장한 모습이 역력했다. 우리 또한 그 순간 긴장된 마음은 이루 표현할 수 없었다. 드디어 우리 차례. 30대 중반쯤으로 보이는 영사관의 후덕해 보이는 인상이 조금은 마음을 편하게 했다. 드디어 질문을 시작했다.

미국을 가는 이유, 전 직장에서 한 일, 사업 내용, 미국에서 사업할 곳의 직원 이름, 세금 내용 등을 꼼꼼히 물어보기 시작했다. 그런데 영사관이 나에게 물었다. 사업 경험이 있냐고 물어보는 것이었다. 전 직장에서 하는 일은 사무직이었는데 무슨 사업 경험이 있으랴! 영사관의 표정이 어둡다. 불안이 엄습해왔다. 그리고는 노란 용지에 열심히 뭐라고 적더니 나에게 여권과 노란색 용지를 내미는 것이었다. 노란 용지는 여기에서 거절을 의미한다. 순간 당황스러웠다. 어떻게 준비한 미국 이민인데 참으로 암담했다. 지금도 그 상황을 생각하면 고통이 밀려온다. 우린 비자를 받기 위해 총 3번의 인터뷰를 준비했지만 사업 경험이 없는 것 등을 이유로 비자는 승인이 되질 않았다. 그때부터 난 노란색이 싫다.

변호사는 미국 대통령이 바뀌면 이민 승인이 대폭적으로 될 것이라고 했다. 그걸 기대하고 미국 대통령 선거 때를 기다리기로 했다. 미국 선거는 5개월 후로 예정되어 있었다. 힐러리 로댐 클린턴 후보와 도널드 트럼프, 두 후보가 가장 가능성이 있는 후보였다. 힐러리 로댐 클린턴이 강세였다. 당연한 결과로 누구든 예측했다. 우리도 마찬가지였다. 하지만 많은 사람들의 예상을 깨고 도널드 트럼프가 대통령이 되는 반전이 있었던 것이다. 도널드 트럼프 대통령 후보는 당시 공약으로 기성 워싱턴 정치에 분노하고 중산층이 붕괴된 미국 사회에 백인 중하층의 변화를 강조하면서 이민자와 소수인종의 증가로 인한 원인들을 강조해 이민에 대한 부정적인 부분을 내세웠다. 그렇기에 미국 대통령의 선거 결과를 주의 깊게 기다리고 있는 시점에 청천벽력 같은 소식이었다.

우리를 미국에 보내지 않으려고 그러셨던 걸까? 어머니의 간절한 기도 때문이었을까? 이후로 우리는 미국 이민을 포기했다. 도널드 트럼프 대통령이 당선된 이후 미국 이민자들의 불안한 생활이 방송에 나올 때마다 위안을 삼곤 했다. 당시 미국 이민을 포기하고 나 또한 잠시 동안 포기한 듯한 삶을 살기도 했지만 지금 생각해 보면 너무도 감사하다. 철저한 계획 없이 준비한 이민이었기에 나를 사랑하사 보내지 않으신 것에 지금 감사하다.

지금의 나는 내가 좋아하는 일을 하고 있으며 또한 어릴 적 꿈이었던 작가의 꿈을 향해 첫발을 내딛었다. 우리 둘째 아이가 했던 말처럼 꿈은 꼭 어릴 적에만 꾸는 것이 아니다. 마흔이 되어서도 내가 하고자 하는 간절함만 있다면 그 꿈은 반드시 이루어질 것이다. 포기하지 않는 열정, 도전을 두려워하지 않는 마음이 있으면 말이다.

07

여전히 남은 인생이 두려울지라도

세상의 중요한 업적 대부분은 희망을 찾을 수 없는 상황에서도
끊임없이 도전한 사람들이 이뤄낸 것이다.
– 데일 카네기(Dale Carnegie)

갑자기 나에게 찾아온 마흔의 세상은 두려움이란 옷을 입고 있다

마흔이 될 것이라는 생각은 한 번도 해본 적이 없다. 아이들이 한 살씩 나이를 먹어가도 나는 항상 그 자리에 거기에 멈춰 있을 것이란 착각 속에 살았다. 그런데 어느 날 갑자기 마흔이 되어버렸다. 제 2의 인생을 시작하는 나이가 마흔이라고 말한다. 무엇이든 자신 있게 도전할 수 있는 나이가 마흔이라고 말한다. 하지만 아무런 준비 없이 마흔을 맞이한 나는 지금 세상 한가운데 우두커니 혼자 서 있는 길 잃은 어린아이와 같았다. 어디로 가야 할지 무엇을 해야 할지 몰라서 누군가 나를 찾아와 손을 잡아주길 바라고 있다. 하지만 세상 밖은 너무도 바쁘고 혼잡하기에 혼

자 있는 아이는 관심이 없다. 이 아이는 마흔 살 먹은 어른아이기에 누구의 도움도 받지 못한다. 아니 받지 않는다. 혼자 길을 개척해야 한다. 혼자서 말이다. 하지만 나는 알았다. 혼자 간다고 해서 외롭지 않다. 혼자 간다고 해서 두렵지 않다. 혼자 간다고 해서 위험하지 않다. 인생은 결국 혼자 왔다가 혼자 가기 때문이다. 혼자임을 즐기려 한다.

직장은 그만두었고 미국 이민은 취소가 되었다. 난 이제 무엇을 해야 할까? 남들은 아까운 대기업을 왜 그만두었는지 안타까워하지만 난 미국 이민이 취소되어도 회사를 그만둔 것에 대해서 한 번도 후회한 적이 없다. 그만큼 그만두고 싶었던 회사이기 때문이다. 이제 난 새로운 일을 찾아야 한다. 일을 시작하겠다고 마음을 먹고 여기저기 일자리를 알아봤다. 그런데 내가 20년 동안 근무했던 경력은 아무런 소용이 없었다. 그래서 난 전혀 경험이 없던 일에 원서를 내보기로 했다. 지인의 추천으로 병원 원무과에 원서를 접수하고 면접을 보았다. 역시나 사무직이었지만 새로운 환경이기에 도전해보았다.

20년 경력을 자랑하는 나이기에 합격은 당연할 것이라 생각하고 자신 있게 면접을 보았다. 하지만 면접관이 나이를 보더니 갸우뚱하는 것이 왠지 불안한 감이 있었다. 며칠 후에 통보 해주겠다는 말과 함께 면접이 종료되었다. 20년 만에 처음 보는 면접은 나에게 신세계이기도 했다. 하지만 결코 마흔이라는 나이에 새로운 일을 시작한다는 것이 쉽지 않음을 피부로 느꼈다. 가볍게 시작하기로 마음먹은 일이기에 근무 시간이 길지 않은 곳으로 선택하여 면접을 보았다. 면접 보는 건 나에게 새로운 환경과 새로운 사람을 만나는 기대가 있었기에 힘들지 않았다. 문제는 생각처럼 일을 시작하는 게 쉽지 않다는 것이었다. 적지 않은 나이 때문에 원하는 일을 찾기가 쉽지 않을 것이라는 예상은 하고 있었지만 현실은 더욱 나를 긴장하게 했다.

마흔이 되는 해. 솔직히 나는 마흔이 돼도 내 삶의 어떤 변화가 온다는 걸 감지하지 못했다. 똑같은 생활이 이어질 것이고 늘 그래왔던 것처럼 먹고 싶은 것을 먹고 여행 계획을 잡아 여행을 하고 아이들은 아무 탈 없이 성장할 것이라는 단순한 생각 속에 살았다. 하지만 마흔이 되는 해에 퇴직과 함께 전혀 새로운 삶과 맞닥뜨리는 계기가 되었다. 난 아직도 너무나 젊고 뭐든지 할 수 있는 나이인데 세상은 날 그렇게 보지 않고 있다는 것이 두려움으로 밀려왔다. 당당하게 시원하게 던진 사표가 처음으로 생각나기도 했다.

아니야! 내가 그토록 원하던 퇴직인데 잘 그만두었어! 다른 일을 찾아보자.
난 다시 새로운 일을 찾아 면접 준비를 하게 된다.

난 직장 생활을 했을 때 사무직 일을 했지만 많은 일들 가운데 실적을 내야 하는 부분은 내가 직접 발로 뛰는 일보다 현장에서 직접 일하는 분들을 움직여서 일하는 시스템이 많았다. 차라리 내가 직접 뛰어서 하는 일이라면 내가 죽도록 뛰어서 결과를 낼 텐데 하는 아쉬움이 많았다. 사람의 마음을 움직여서 일을 하게 하는 것은 사무직을 하는 나로서는 결코 쉽지 않은 일이었다. 설득하고 달래고 부탁하고 때론 아쉬운 소리로 그들의 마음을 사기도 했다. 그러면서 가끔은 나도 현장에서 뛰면 어떨까 하는 생각을 해보기도 했었다. 하지만 영업은 실적이라는 부담이 있었기에 쉽게 마음을 열지 않았다. 하지만 내 나이 마흔, 이제 단순 사무직 일을 하기에는 많은 것들이 방해가 되었다. 그래! 생각을 바꿔보자. 모든 것이 영업이다. 대통령도 영업이고 우리의 모든 인생이 영업이다. 그렇게 생각하니 꽤 매력적으로 다가왔다.

그래서 나는 단순 사무직보다 차라리 내가 현장에서 할 수 있는 일을 해보면 어떨까 하는 고민 속에 많은 일자리를 알아보게 되었다. 그래도 비교적 돈에서 자유로우면서 내 실력을 마음껏 펼칠 수 있는 그런 곳이 있으면 좋으련만 세상은 그렇게 호락호락 하지 않았다. 직장 생활을 했을 때도 우린 남의 돈 벌기가 쉽지 않다는 걸 인지하고 어려운 직장 생활을 위로하곤 했었으니까.

아침에 일어나서 아이들이 학교 가고 나면 나는 노트북으로 일자리를 알아보는 게 일이었다. 일자리는 너무도 많은데 나를 오라는 곳은 없었다. 그야말로 단순 사무직이었던 나는 세상에서 쓸 수 있는 경력을 지닌 것도 아니었다. 자신 있게 무엇을 잘한다 하는 게 없었기 때문이다. 경력 단절 여성, 이런 단어를 이럴 때 쓰는 것인가? 한숨을 내쉬며 열심히 일자리를 찾은 나는 마치 어마어마한 프로젝트라도 준비하는 것처럼 온 방이 일자리를 알아보는 자료들로 가득 찼다.

난 여러 직업들을 알아보면서 현실을 조금 직시하고 내가 조금은 편하게 가볍게 즐겁게 일할 수 있는 곳을 위주로 찾아보기로 마음먹었다. 급여 조건도, 근무 조건도 나에게는 이 순간만큼 중요하지 않았기 때문이다. 내 몸이 움직이는 것이 중요했고 일을 하는 것이 중요했고 내가 사회에 발을 딛는 것이 중요했다. 그러던 중 나를 원하는 곳이 있었고 나 또한 근무 조건이 맘에 들었다. 그래서 난 지금까지 그 일을 하고 있다.

마흔은 어찌 보면 여전히 두려운 나이다. 마흔이란 나이기에 때로는 세상에서 반겨주지 않는다. 어중간한 나이. 젊지도 않는 나이. 어른도 아닌 나이. 무엇이다 존경받을 만한 위치도 아닌 나이. 하지만 가장 중요한 나이임은 분명하다. 성숙되었기에 깊이가 있고 늙지 않았기에 열정이 있기 때문이다. 익숙하지 않은 것에 두려워하지 않았다. 새로움에 겁을 내지 않았다. 새로움이란 기대로 가득 찬 곳이다. 배움도 있고 새로운 만남이 있다. 마흔이 되어서 난 너무도 행복한 일을 하고 있다. 내가 원하고 좋아하는 일을 하고 있다. 대기업에 다닐 때보다 이곳에서 꿈을 이루고 목표를 세우면서 살고 있다. 그것은 세상이 손 내밀지 않는 나이어도, 반기지 않는 나이일지라도 당당하게 내가 먼저 손 내밀고 도전했기에 가능했다.

08

마흔에 비로소 나 자신이 되었다

겨울이 없다면 봄은 그리 즐겁지 않을 것이다.
고난을 맛보지 않으면 성공이 반갑지 않을 것이다.
- 앤 브래드스트리트(Anne Bradstreet)

월요병이 치유되다

나는 이제 월요병이 없다. 왜냐하면 내가 좋아하는 일을 하고 있기 때문이다. 어떤 일을 마무리해야 하는 스트레스 받는 일도 아니고 미결이나 민원이 나를 괴롭히는 일도 아니기 때문이다. 일보의 순위로 나의 자존감을 떨어뜨리는 일도 아니기 때문이다. 나는 월요일 아침 아니 매일 아침 회사 가는 게 즐겁다.

예전의 나는 일요일 오후 5시가 되면 모든 즐거움이 멈췄다. 무엇이 그리도 나를 괴롭히고 나 스스로를 옥죄였는지 지금 생각해보면 참으로 안타까운 시간들이다. 이제 일요일 오후 다섯 시가 되어도 난 어떤 두려움이나 걱정이 없다. 달라진 환경보다 달라진 근무 조건보다 세상을 바라보는 눈이 달라졌고 내 자신을 좀 더 사랑하고 가꿀 줄 아는 여유가 생겼기 때문이다.

일요일 오후 다섯 시가 되면 난 남편과 시내를 벗어나 드넓은 초원이 펼쳐진 목장에 가서 승마를 배운다. 이제 막 시작하는 승마는 두려움도 있다. 하지만 나 자신을 가꾸고 건강을 지키는 데 승마는 멋진 운동이다. 때론 귀찮기도 하지만 배움은 나에게 뭐든 도전과 새로움을 주는 신세계이다. 나를 생각하지 못했던 시절에서 벗어나 이제는 내가 해보고 싶은 것들을 하나씩 배우고 즐기고 있는 삶을 살아가고 있다.

또한 이제는 남편과 스크린 골프를 즐기는 여유도 있어서 좋다. 나는 남편보다 골프를 먼저 시작했다. 남편의 배려에 감사한다. 2, 30대 내가 살아왔던 것처럼 남편 또한 가족을 위해서 세 아들들을 키우느라 자신을 가꾸지 못했다. 이제는 그런 환경에서 벗어나 우린 스스로를 가꿀 줄 아는 나이, 40대가 되었다. 이제 나의 꿈을 향해 열심히 달리는 동안 남편도 가정을 위해서 세 아이들을 돌보느라 가꾸지 못한 자신을 위해서 열심을 꿈을 찾아가는 중이다.

하루는 남편과 일요일 오후에 스크린 골프를 치러 갔다. 과거의 모습과는 많이 다른 일요일 오후인 것이다. 이제 막 운동을 시작한 남편은 열정이 넘쳐 있었다. 내가 처음 골프를 배운 때처럼 말이다. 그 모습에 난 감사하고 행복을 느꼈다. 지금까지 2, 30대 가정을 위해서 자녀를 위해서 열심히 달려온 우리 부부에게 잠시 주어진 행복의 시간이라 생각했기 때문이고, 잘 버텨온 보상이라 생각했기 때문이다.

오늘을 살아가는 지금이 가장 행복한 순간이다

나는 지금 가장 행복한 시간을 보낸다. 얼마 전에 미국에 사는 친구가 3개월의 휴가를 잡고 한국에 왔다. 고등학교 친구이다. 우린 고등학교 시절을 매우 아름다운 추억으로 간직하고 있다. 지금도 친구들을 만나면 잠시나마 여고생 시절로 돌아간다. 우린 '덩쿨벗'이란 이름의 모임을 만들고 매일 학교가 끝나면 추억거리를 만들곤 했다. 어떤 이유였든 고등학교를 실업계 고등학교를 선택한 건 참 잘한 것 같다는 생각을 많이 한다. 가장 꿈이 많던 여고생 시절, 가장 감성적이면서 인생의 미래를 거침없이 논했던 시절. 사랑이란 감정을 처음으로 느껴보기도 한 여고시절을 우린 좋은 대학을 가기 위한 공부가 아닌 추억으로 쌓았기 때문이다. 너무 오랜만에 만난 친구와의 만남은 웃음을 빼면 이야기할 수 없다.

학교가 끝나면 곧바로 빵집에 들러 신나게 빵을 먹었고, 빵을 먹고 나면 곧바로 쫄면 집으로 향해서 쫄면을 먹고 후회하곤 했다. 하지만 행복한 후회였기에 그 다음날도 그 다음날도 우린 같은 코스를 즐기면서 다녔다. 학교에서 여름이 되면 선생님과 했던 물싸움은 참 기억이 많이 난다. 한번은 풀을 예쁘게 먹인 삼베옷을 입고 오신 선생님께 물을 퍼부었다가 되게 많이 혼이 난 적도 있다. 지금 생각해도 행복한 혼남이다. 그 이유로 잠시 물싸움은 휴전이었지만 말이다. 덩쿨벗 모임의 친구는 4명이다. 학교에서 우리 친구들은 부러운 대상의 친구들이기도 했다. 유별나게 붙어다녔기 때문이다. 지금은 미국에서 박사의 아내로, 공무원으로, 또는 작은 사업을 하며 열심히 지금을 살아가고 있다.

우린 지난날을 추억하면서도 자연스레 나이에 관한 대화를 많이 하게 됐다. 30대에는 우리가 나이를 먹었는지 실감하지 못했는데 마흔이 되면서 나이에 대해서 많이 생각하게 됐다. 30대와는 다른 체감을 느끼기 때문이다. 이제는 아줌마라는 소리를 가끔은 듣지만 조금은 인정하는 태도로 나온다. 그래서인지 우리는 과거를 가끔은 그리워하기도 한다. 친구가 질문을 했다. "애들아, 너희들은 다시 돌아간다면 몇 살로 돌아가고 싶어?" 친구들은 깊이 고민했다. 한 친구는 아주 어린 나이로, 한 친구는 고등학교 시절 과거로 돌아가고 싶다고 했다. 하지만 난 돌아가고 싶지 않다고 했다. 친구들은 이유를 물었다. 난 지금이 가장 행복하고 지금이 가장 나다운 시간인 것 같다고 말했다.

고등학교 시절이 행복한 시절은 맞지만 다시 2, 30대에 겪었던 세월을 겪고 싶지 않은 이유도 있다. 친구들은 돌아가고 싶다고 해도 결코 돌아갈 수 없으니까 고민하지 말라는 소리로 우린 또 한 번의 웃음으로 행복한 시간을 보냈다. 마음은 아직도 18살, 그 시절을 놓지 못하지만 우린 그렇게 시간을 거슬러 자연스럽게 아름답게 나이를 먹고 있다.

하지만 그걸 때론 인정하지 못해서 하루는 둘째 아들에게 위로받고 싶은 심정에 질문을 던졌다.

엄마 : 아들! 엄마 나이 들어 보여?
아들 : 아니, 전혀 나이 안 들어 보이는데!
엄마 : 그래? 그럼 엄마 몇 살처럼 보여?
아들 : 음, 한 42살? 표정은 가히 진중하다 하! 하! 하!

내 나이 42살이 되던 해에 아들에게 던진 질문이다. 전혀 나이 들어 보이지 않는 나이 42살, 난 그래서 지금이 좋다.

나는 지금이 가장 행복하다. 절대로 20대나 30대로 돌아가고 싶지 않다. 그때는 나 아닌 회사의 일꾼으로서, 아이들의 엄마로서, 남편의 아내로서의 삶 외에는 없었기 때문이다. 일을 해도 꿈과 목표가 없었던 시절이며 모든 시간을 힘듦이란 부정적인 시간에서 살았던 시절이며 나를 알지 못했고 사랑하지 않았기 때문이다.

내가 좋아하는 음식이 무엇인지 몰랐고 내가 좋아하는 것이 어떤 것인지 궁금하지도 않았던 세월이다. 나는 나를 돌보지 않았고 나를 잠시 다른 곳에 꽁꽁 숨겨놓았던 시절이다. 이제는 나를 꺼내어 나를 가꾸는 나이가 되었다. 좋아하는 음식으로 나를 행복하게 하고 내가 좋아하는 일을 하고 있고, 나의 꿈을 하나씩 이루어 가고 있다. 고통의 시간들을 하나씩 행복한 시간들로 물들이고 있다.

마흔에 비로소 나 자신이 되었다.

2장

나는 '위'가 아니라 '꿈'을 향해 나아갈 것이다

01
마흔이 되어서야 극복할 수 있었다

꿈은 처음에는 불가능한 것처럼 보이고
그 다음에는 이루어지 않을 것처럼 보이고
결국에는 반드시 이뤄 내야 하는 것처럼 보인다.
– 크리스토퍼 리브(Christopher Reeve)

마흔은 축복이다

우연하게 인터넷을 보다가 이런 질문을 보게 되었다.

"이 세상엔 자기가 정말 좋아하는 일을 선택해 푹 빠져 사는 사람이 얼마나 될까요? 전 지금 괴롭습니다. 정말 하고 싶은 공부, 일이 있긴 한데 현재 제 방향이 전혀 틀려요. 그리고 이대로 간다면 내가 좋아하지 않는 일을 직업으로 갖게 되겠죠, 평생 동안. 이 세상 사람들 중에 정말 자기가 좋아하는 일을 하면서 사는 사람은 얼마나 될까요? 제 질문이 너무 광범위하고 철없는 질문이란 거 알면서도 이렇게 글을 올립니다."

정말로 이 질문자처럼 많은 사람이 이런 고민에 빠져 있거나 아니면 고민을 하여도 해결하지 못한다는 것을 알기 때문에 스스로 포기하고 사는 사람들이 주변에도 너무나 많이 있다.

얼마 전까지만 해도 나 역시 내가 원하는 꿈을 이루면서 살 것이라는 생각은 하지 못했다. 다른 것을 생각조차 할 수 없는 바쁜 직장 생활을 했고 아이들은 어렸기 때문이다. 이 또한 핑계에 지나지 않는다는 것을 너무도 잘 안다. 하지만 그렇게 합리화하고 싶다. 지금까지도 난 헛되이 살지 않았고 열심히 살았고 그게 최선이었으니까. 하지만 우리는 세월에 따라 많은 변화를 맞이한다. 그 변화는 우리에게 또 다른 기회를 주는 시기임은 분명하다. 그 변화를 받아들이는 자세야말로 나에게 오는 기회를 잡는 것이다. 두려움 때문에 잡지 않는 것일 뿐이다.

마흔이란 인생에 참으로 많은 변화를 가져온다. 특히 나에게 마흔이란 나이는 인생의 가장 큰 변화를 가져온 시기이기도 하다. 첫 직장을 그만둔 나이가 마흔이다. 그 직장을 그만둠으로써 나의 삶은 180도 변하기 시작했다. 그대로 주저앉을 수도 있는 나이였다. 왜냐하면 나에게 마흔이란 나이는 다른 삶을 꿈꾸기 이전에 작은 두려움이 있는 나이이기도 하다. 내 나이 열셋 어린 나이에 어머니를 잃었다. 그때 어머니 나이 마흔넷이었다. 갑작스런 이별이었기에 난 아무런 준비도 되어 있지 않았다.

자라면서 그 빈자리가 얼마나 큰지 알기에 가끔은 두려운 부분이 있었던 것이다. 하지만 난 마흔 살이 되어 우연히 이런 문구를 보게 된다. 마흔이라는 나이가 신이 주신 최고의 나이임을 아는 것이 최고의 축복이고 선물이라는 것이다.

마흔이란 나이가 축복이고 선물이라고? 그 후 난 마흔에 관해서 알아보게 된다. 그러는 과정에서 놀라운 책 한 권을 발견하게 되었다. 바로 유동효 저서 『40대에 도전해서 성공한 부자들』이었다. 그 책에는 진짜로 40대 이후에 도전해서 크게 성공한 사람들의 성공 사례들이 기록되어 있었다. 난 항상 꿈에 도전할 수 있는 것은 젊은이들에게만 가능한 일이라 생각했다. 그렇기에 직장 생활 후 나의 꿈은 진행형이 아니라 종료되었던 것이었다. 직장이 나의 마지막 종착역이라고 생각했던 것이었다. 난 꿈이 작가였는데 이미 직장인으로 살고 있으니 이미 내 꿈은 종료였던 것이다.

45세에 미래 산업 창업, 한국 기업 최초로 나스닥에 상장한 정문술, 65세에 프랜차이즈 제국 KFC를 세운 커넬 샌더스, 41세에 김밥 하나로 2년 만에 연 매출 130억 원을 올린 김승호, 40세에 토스트 노점으로 연봉 1억을 달성한 김석봉, 36세에 알리바바 창업, 세계 18위 부자가 된 마윈. 이들이 마흔 이후 뒤늦은 나이에 도전해서 성취한 결과는 보통 사람은 엄두도 내지 못할 만큼 압도적이다. 하지만 이들도 성공하기 전에는 주위에서 흔히 보는 사람들처럼 평범했다. 누구나 그렇듯, 인생 초기에 수많은 실패와 좌절을 겪으며 미래에 대한 불안에 휩싸였다.

마윈은 재수해서 겨우 2류 대학에 들어갔다. 군대와 경찰에 지원했지만 받아주지 않았다. 30번의 실패 끝에 36세에 조촐하게 알리바바를 시작했다. KFC의 커넬 샌더스는 더 가혹하다. 가난한 집에 태어나 젊은 시절 내내 밑바닥 생활을 전전했다. 우여곡절 끝에 치킨 요리법을 개발해서 미 전역을 돌았지만 1,008번이나 거절당했다. '김밥 CEO' 김승호는 아버지를 따라 미국에 이민 가서 20년 동안 손대는 일마다 파산했다.

그런데도 이들은 40대 이후 늦은 나이지만, 결국 성공을 이뤘다. 그 비결은 무엇일까? 이들은 살아오면서 온몸으로 쌓은 경험과 안목이 있었기에 세상에 없던 기회를 보고 도전에 나설 수 있었다. 또 20대나 30대와 달리 웬만한 일에는 흔들리지 않을 강한 멘탈이 있었기에 하나하나 난관을 해결하면서 성공할 수 있었다. 이처럼 세상을 어느 정도 살아본 40대의 경험과 멘탈은 20대와 30대가 쉽게 모방할 수 없는 성공의 보증수표다.

늦었다고 생각할 때가 가장 빠른 때라는 말이 기억난다. 난 너무 늦었다고 생각할 때에 새로운 일을 시작했다. 이들이 성공한 것처럼 나라고 못할 이유가 있을까? 난 이들보다 어린 시절 배부르게 살았고 큰 좌절도 없었으며 밑바닥 인생을 경험하지 않았는데 말이다.

난 이제 꿈을 하나씩 이뤄가고 내가 하고 싶은 일을 하고 있다. 멘탈이 강한 마흔! 두려움이 없는 마흔! 그렇기에 가능하다.

마흔에 새로운 만남의 두려움을 극복하다

난 새로운 일을 시작하면서 새로운 만남을 가지려고 노력했다. 회사 동료 외에는 만남을 꺼려했던 지난 시절이 후회되었기 때문이다. 지금까지 다섯 명 이상의 모임을 꺼려했던 나는 과감하게 모임에 들어가게 되면서 많은 다양한 분들을 만나게 되었다. 나보다 10년 정도 나이가 많은 사업가들이 많이 있었다. 성공해서 자신의 자리를 찾아가신 분들부터 여전히 평범한 삶을 살고 계신 분들, 여전히 안주함 속에 살고 계신 다양한 분들을 만날 수 있었다. 난 그 모임을 통해서 여러 가지를 배우게 되었다. 나의 10년 후는 어떤 모습일까? 나의 10년 후를 미리 가보는 시간이 되었다.

나는 주변 사람들로부터 젊어서 부럽다는 소리를 많이 들었다. 난 마흔이란 나이를 먹고 늦은 나이라고 생각했다. 무슨 일을 시작하기에 절대적으로 늦은 나이라고 생각했는데 그분들로부터 젊다는 얘기를 들으니 신기했다. 그렇다. 나도 10년 후에 마흔 살이 된 그들에게 젊음이 부럽다고 하겠지? 10년만 젊었다면 어떨까? 그런 후회를 하고 있을지도 모른다는 생각이 들고 나니 정신이 번쩍 들었다. 10년 안에 성공의 결과를 얻어야겠다는 강렬한 힘을 받게 되었다.

20대에는 그 나이의 싱그러움을 알지 못했고 30대에는 당연한 것들을 이루지 못함에 조급해하며 시간을 보내고 말았다. 그러다 맞이한 마흔!

이제는 확실히 안다. 내가 무엇을 하고 싶고, 무엇을 좋아하며 어떤 일을 해야 하는지 어떻게 해야 하는지도 알게 되었다. 두려움이 와도 어려움이 와도 헤쳐나갈 수 있으며, 문턱을 감지하지 못해 넘어지는 게 아니라 문턱의 위치를 감지하고 문턱을 가볍게 넘을 수 있는 나이다. 마흔에 비로소 목적지에 가는 법을 조금씩 알게 되었다.

02
꿈을 이루기 위한 골든타임

사람의 마음은 나이에 상관없이
먼저 열리는 사람에게 그 보답으로 열린다.
— 마리아 에지워스(Maria Edgeworth)

꿈을 이루기 위한 골든타임은 마흔을 사는 지금이다

"꿈과 함께 걸어오다 보니 상상치도 못했던 골든타임을 맞이하게 되었다. 골든타임은 마치 이미 예정된 선물처럼 날 기다리고 있었다. 누구에게나 골든타임이 있다. 첫발을 떼는 출발점에선 불안과 좌절 투성이지만 결국엔 만나게 된다. 비록 응원 받지 못하는 꿈일지라도 아내의 꿈은 무죄다. 아이 엄마가 무슨 꿈 타령이냐고 책망해도 다시 가슴 뛰는 엄마의 꿈은 무죄다."

— 김미경, 『꿈이 있는 아내는 늙지 않는다』 '골든타임의 주인공이 되는 방법' 중에서

나에게 골든타임은 지금을 살아가는 마흔이다. 지금의 하는 일에 사명 감과 목표를 가지고 뛰고 있으며 좋아하는 공부를 하고 있기 때문이다. 난 골든타임을 활용해서 나의 목표와 꿈을 이루고자 인내의 시간을 즐기 고 있다. 누가 시켜서도 아니다. 내가 선택한 것이고 내가 좋아하는 것이 고 내가 원하는 것이기 때문이다.

시끄럽게 알람이 울린다. 10분만 더! 다시 알람을 수정한다. 방금 머리 를 베개에 댄 것 같은데 다시 시끄럽게 울린다. 5분단 더! 다시 5분만 더! 이러다 예정된 시간보다 30분이나 늦은 뒤에야 정신없이 일어나 출근을 준비한다. 직장을 다닐 때의 출근 모습이다. 아침마다 알람을 여러 번 맞 춰야 하는 일이 빈번했다. 기계처럼 일해야 하는 직장에 나가야 하기 때 문이다. 하지만 난 이제는 알람 가지고 시름하지 않는다. 아침 출근이 두 렵지 않기 때문이다. 아침 정시 출근이 8시 30분이지만 난 7시 30분에 사무실에 도착한다. 이것은 나만의 일하는 방식이다.

아침에 출근해서 오늘 하루도 긍정의 힘으로 시작하기 위해서 긍정의 책을 꼭 한 구절 읽고 시작한다. 가끔은 오늘 하루가 힘들 수도 있고 또 는 게으름으로 시작하는 것을 원치 않기 때문이다. 긍정의 메시지는 에 너지를 줄 뿐만 아니라 나를 다시 한 번 깨우는 역할을 하기 때문이다. 누가 시키지 않아도 스스로를 깨우고 다지는 것은 내가 하고자 하는 목표와 꿈이 있기 때문이다. 오늘 하루의 열심이 한 달의 성과로 나타나고 한 달의 열심이 3개월 또는 6개월, 1년의 삶을 좌우하기 때문이다. 오늘의 살아가는 모습이 내가 어제 생각하고 살아온 과정으로 만들어진 결과라는 걸 안다면 결코 오늘 하루를 헛되이 보내지 않는다. 그렇기에 하루하루가 나에겐 황금 같은 시간이다.

매일 읽는 긍정의 메시지는 나에게 항상 열정을 쏟아 부어준다. 그러기에 이 메시지를 혼자 읽는다는 건 너무 아까운 일이었다. 친구들에게 가족들에게 고객들에게 긍정의 좋은 메시지를 공유하고 싶은 마음에 이제는 매일 아침 긍정의 메시지를 공유한다. 그들도 똑같이 오늘하루를 열정으로 열심으로 또는 감사함으로 살아가는 긍정의 마음을 심어주고 싶어서이다. 그러다보니 하루라도 메시지를 보내지 않으면 손에 가시가 돋을 정도이니 어느덧 습관처럼 된 일이다. 난 이 메시지를 보냄으로써 여러 가지를 느끼고 또한 배우고 된다. 많은 사람들이 메시지를 받게 되지만 사람들의 반응은 여러 가지이다. 물론 글에 감동받아서 글이 좋다는 답변도 있다. 오늘 메시지가 나를 위한 메시지라고 보내오기도 한다. 또한 오늘의 메시지를 보고 변화를 맛본 사람도 있다. 이런 답변이 올 때마다 뿌듯하다. 하지만 이 메시지를 너무 부정적으로 보는 시각도 많이 있다. 쓸데없는 글을 보내지 말라는 글과 함께 화를 내기도 한다. 나하고는 상관이 없는 글이라고도 한다.

난 이런 사람들이 안타깝다. 물론 요즘 우리는 갖가지 좋은 말들과 수 없이 쏟아지는 정보 속에 살고 있기에 귀찮을 수도 있다. 그럴수록 내 의식이 깨어 있어야 한다. 허상의 꿈이 아닌 미래 지향적인 의식 속에 있다 보면 분명 지금보다 나은 삶을 살 텐데 이 짧은 글, 긍정의 글조차 받아들이지 않는다면 그들은 어떤 것을 받아들일까? 꿈을 이룬 많은 사람들의 성공 스토리를 보면 시련 없이는 성공하지 못한다. 내가 원하지 않는 것도 받아들이는 마음, 포기하지 않는 긍정의 마음을 가질 때 꿈도 성공도 나에게 오는 것이라 생각한다.

나는 하고 싶은 것도 되고 싶은 것도 참 많다. 그중에서도 조심스럽게 꿈꾸는 것이 있다면 강연가를 꿈꾸고 있다. 비교적 소심한 성격이고 어릴 적 이름만 불러도 얼굴이 빨개졌던 부끄럼 많은 소녀에게 강연가라는 꿈은 참 기대가 되는 꿈이다. 강연가를 꿈꾸는 이유는 많은 대중들 앞에서 감동을 주고 그들을 변화시켜주기 때문이다. 그렇기에 더욱더 강연가를 꿈꾼다. 어찌 보면 나에게는 너무도 큰 벽이고 어려운 꿈일 수 있다. 하지만 난 항상 강연가들이 멋지게 강연하는 것을 볼 때마다 내가 그 자리에 서 있는 것을 그려보곤 했다. 간절히 바라고 원하면 이루어지는 것을 안다. 그걸 믿는다. 그렇기에 더욱더 간절히 꿈꾼다.

그래서 잠시나마 스피치 강의를 들을 수 있는 기회가 있어서 강의를 듣게 되었다. 역시나 많은 대중들 앞에서 감동을 전하고 그들의 마음을 움직이는 것은 힘들고 어려운 일이었다. 단 둘이 대화할 때는 자신있게 당당하게 대화할 수 있지만 많은 사람들 앞에서 메시지를 전달하고 감동을 주는 것은 쉽지 않은 일이었다. 그래도 나는 하나하나 배워가는 게 너무도 좋다. 배움을 통해서 느끼는 것이지만 처음부터 누구나 전문가는 없다. 끊임없는 연습과 경험을 통해서 전문가가 되는 것이다. 내가 좋아하고 꿈꾸는 일이기에 그 과정을 견딜 수 있다.

지금은 갓난아이처럼 옹알이를 하는 초보이지만 배움을 통해서 경험을 통해서 난 강연가가 될 것이다. 화려하진 못해도 나를 통해서 변화를 맛보게 하고 단 한 사람이라도 내 강연을 통해서 새로운 삶의 변화를 주는 좋은 강연가가 될 것이다. 그 시작을 위해서 한 걸음씩 조금씩 나아가고 있다.

삶이 빛날 수 있는 것은 꿈이 있기 때문이다. 꿈이 있는 행복한 삶이기에 알람을 억지로 끄지 않아도 아침을 맞이할 수 있는 여유가 있고, 누가 시키지 않아도 누군가에게 긍정의 힘을 주고 싶은 열정이 있으며, 때로는 앞에 서는 것이 두려웠던 시절을 이기고 그 두려움을 꿈으로 승화시켜 내 것으로 만들 수 있는 도전정신을 갖게 하는 것!

꿈이 주는 최고의 선물인 것이다.

03

확실한 터닝 포인트를 만들어라

뒤돌아보면 나의 삶은 일곱 번 넘어지고
여덟 번 일어나면서 이루어졌다.
– 프랭클린 D. 루스벨트(Franklin D. Roosevelt)

꿈을 이루기 위해서 변화가 필요하다면 과감히 변화해라

누구에게나 이루고 싶은 꿈이 있다. 꿈을 이루기 위해서 변화가 필요
하다는 것도 알고 있다. 하지만 대부분의 사람들은 변화를 두려워한다.
지금의 현실에서 안주하면서도 꿈을 꾼다고 말한다.

〈한책협〉의 대표인 김태광 대표는 말했다. "지금의 직장이 행복하지
않다면 과감히 그만두어라. 지금 사랑하지 않은 애인이면 과감히 헤어져
라. 사고의 전환이 필요하다." 나도 그 말에 동감한다. 내가 간절히 원하
는 꿈 앞에 방해가 되는 요인이 있다면 그 길을 과감히 틀어서 새로운 길

로 가야 한다고 생각한다. 내가 원하는 목적지가 아닌 길이라고 판단하면 과감히 변화를 시도해야 한다. 내가 원하고 즐거워하는 일, 나의 목표를 달성할 수 있는 일, 새로운 치즈를 찾아야 한다.

내가 지금의 행복한 일을 할 수 있었던 이유도 나의 꿈을 찾아 꿈을 이루는 과정도 변화가 가져다준 결과이다. 비록 보이지 않은 길이라도 내가 가고자 하는 길이라면 과감히 그 길을 가야 한다. 그래야 그 길을 만날 수 있는 것이다. 친구들은 나를 보고 가끔은 무모하다고 한 적도 많다. 대단하다고도 한다. 위험이 도사리고 있는 세상 속으로 들어가는 것이 걱정스러운 것이다. 난 친구들에게 말한다. 나는 내가 가고자 하는 길이면 가야 한다. 설상 그 길이 잘못되어 되돌아오더라도 나는 간다. 내가 원하는 길이 아니면 돌아오면 된다. 그 길은 내 꿈을 이루는 과정일 뿐이기 때문이다.

내가 새로운 일을 시작할 수 있었던 것은 과감히 직장을 놓았기 때문이다. 새로운 일에 과감히 도전했기 때문에 가능했다. 예전의 했던 일을 찾아나섰더라면 지금도 난 사무실에 앉아서 밀린 서류를 처리하고 시간에 맞춰 퇴근하는 똑같은 일상을 살았을 것이다. 하지만 난 과감히 내가 해보지 않은 일에 도전했다. 그것이 나를 행복으로 이끌었던 첫 터닝 포인트였다.

커피숍 모퉁이 책을 펴놓고 공부하는 학생, 노트북을 켜놓고 인강을 듣는 학생들 사이에 앉아 열심히 노트북을 두드리는 나이 들어 보이지 않는 42살 나는 열심히 자판기를 두드리고 있다. 난 일을 하고 남은 시간을 책을 쓰는 시간으로 보내고 있다. 작가라는 꿈을 찾아 나의 첫 번째 책을 쓰기 위해서 열심히 자판기를 두드리고 있다. 나 또한 여느 직장인처럼 나의 꿈을 이룰 거라고는 기대하지 않고 살았다. 하지만 나는 지금 내가 좋아하는 글쓰기를 하고 있다. 그야말로 꿈을 향해서 한 발짝 한 발짝 다가가고 있다. 내가 작가라는 꿈을 생각하게 해준 나의 둘째 아들에게 고맙다. 엄마의 꿈이 뭐냐고 물었을 때 나는 그 말을 흘려듣지 않았다. 다시 한 번 내 꿈을 기억하고 작가가 되기 위해 노력했다.

난 매일 아침 지인들에게 희망을 주는 메시지를 보내고 있다. 많은 이들은 보통 일이 아니라고 하지만 나에게는 작가라는 꿈을 이루게 하는 첫 단계였다. 글을 잘 쓰는 게 아니라 글을 쓰는 것을 즐겨 하는 것. 즐기면서 하는 사람은 당해내지 못한다는 말이 있듯이 나는 글 쓰는 것 자체가 즐겁다. 지금은 작가라는 명찰도 달기 전이지만 나는 베스트셀러 작가를 꿈꾼다. 영화를 쓰는 작가도 될 것이고 드라마를 쓰는 작가도 될 것이다. 주변 사람들은 코웃음을 칠 수도 있지만 나의 확고한 믿음과 확신은 나를 베스트셀러 작가로, 드라마 작가로, 영화를 쓰는 작가로 성장시킬 것이다. 나는 작가라는 꿈을 꾸기 위해 책도 많이 읽고 있다. 나는 책

한 권도 내지 않은 작가 지망생이지만 베스트셀러 작가를 꿈꾸게 한 책 한 권을 읽게 되었다. 바로 일본 작가 모치즈키 도시타카가 쓴 『보물지도』란 책을 읽고부터이다. 이 책은 평범한 사람들이 가장 쉽고 재미있게 꿈을 이루는 방법이자, 행운을 불러들이는 방법을 알려주는 책이었다. 난 이 책을 읽으면서 가슴이 뜨거웠고 흥분을 가라앉힐 수가 없었다. 이 저자 또한 평범한 사람에서 온라인 서점 아마존 종합베스트 셀러 1위 작가가 된 사람이다. 정확하게 꿈을 꾸고 선명하게 그렸기 때문에 가능한 것이다.

난 매년 1월 1일이 되면 꿈을 작성한다. 나의 꿈 목록에 "베스트셀러 작가 되기"라고 적혀 있다. 베스트셀러 작가가 되는 어떠한 방법도 지금은 모른다. 어떤 책으로 베스트셀러 작가가 되는지 감이 오질 않는다. 하지만 난 안다. 난 믿는다. 내가 글쓰기를 계속하는 한 난 베스트셀러 작가가 된다는 사실을 믿고 있다. 나를 행복으로 가는 길로 안내한 두 번째 터닝 포인트가 되어주었다.

간절한 것은 항상 내 곁에 있다. 가장 간절할 때만 보인다

세상 모든 것은 가능하다. 단지 내가 생각하지 않기 때문이고 마음먹지 않기 때문이다. 나는 베스트셀러 작가라는 꿈을 안고 열심히 독서하는 가운데 회사 입사 당시 그랬던 것처럼 책에서 〈한책협〉이라는 단어

가 너무도 크게 보였다. 〈한책협〉은 책 쓰기 코칭 회사다. 내가 읽은 책
은 나와 같이 근무하는 동료들이 함께 읽은 책이다. 난 내가 꿈꾸는 일이
었기에 보석을 그 안에서 발견할 수 있었던 것이다. 책을 쓰는 코칭 회사
가 있어? 처음 듣는 정보였다. 난 읽던 책을 덮고 그 자리에서 바로 〈한
책협〉이란 회사를 검색하고 회원가입을 하게 되었다. 그리고 〈한책협〉이
란 회사에 대해서 정보를 알아보기 시작했다.

대표는 김태광, 김도사라는 닉네임으로 책 쓰기 코칭 부분에서 월등하
게 1위를 차지하고 있었으며, 8년 동안 900명 넘는 작가를 배출했다. 책
을 낸 작가들을 강연가, 코치, 1인 창업가로 배출한 코칭 전문가이기도
하다. 또한 대표는 200권 넘는 책을 내는 작가로 그 책 쓰던 방식을 그대
로 전수해주는 아주 유능하고 유명한 사람이었다. 또한 더욱 놀라운 것
은 어려운 가정환경과 특별히 내세울 것 없는 학력이고 평범한 사람보다
더욱 평범함을 가진 사람이었다. 그럼에도 이미 성공한 사람이 되었고
큰 부를 이루었다. 두 번째로 놀랄만한 일은 나랑 같은 나이였다. 난 이
제 시작인데 이미 마흔 이전에 큰 성공을 이루었다는 것이었다. 존경스
러웠다. 그의 놀라운 열정과 마인드가 궁금하고 배우고 싶었다.

그 대표의 몇 가지 저서를 보면 끝까지 놓지 않은 강렬한 꿈이 있었고
긍정의 마인드가 내 눈에 띄었다. 나는 사이트를 가입한 그 주에 〈한책협

〉에서 운영하는 일일 특강을 신청했고 전주에서 2시간 30분 떨어진 분당에 위치한 일일 특강을 참석하게 된다. 그중에서 단연 나의 눈을 뜨게 한 한 줄의 메시지가 있었다.

"성공해서 책을 쓰는 게 아니라 책을 써야 성공한다."

가슴을 울린 글귀다.

일일 특강을 듣고 난 구체적이고 더욱 확실한 목표를 세웠다.

나의 꿈을 이룰 수 있게 한 세 번째 터닝 포인트이다. 나는 지금 최고의 전문가, 최고의 책 쓰기 코칭 전문가에게 코칭을 받으면서 책을 쓰고 있다. 그렇기에 베스트셀러 작가가 되는 걸 확신하고 있다.

내가 여기까지 오는 과정 중에 저절로 된 건 하나도 없었다. 간절했지만 방법을 모르기 때문에 책을 통해서 방법을 찾으려고 책을 읽었다. 또한 찾은 방법을 과감히 행동으로 옮겼다.

내가 가고자 하는 길을 과감히 가야 길을 만날 수 있다는 나의 확신은 나를 배신하지 않았다. 미국 이민이 돌아오는 길이었다면 그 길은 나에게 다른 새로운 것을 안내해주었고 성공의 목표 지점으로 안내하는 내비게이션 역할을 해주었다. 결코 그 길은 돌아오는 길이 아닌 성공으로 가는 과정이었던 것이다. 내가 미국을 선택하지 않았다면 회사를 그만두지 않았을 것이고 회사를 그만두지 않았다면 지금의 좋아하는 일을 하지도 않았을 것이고 꿈을 이루는 작가도 되지 못했을 것이기 때문이다.

내가 가고자 하는 길이 있다면 내가 하고 싶은 일이 있다면 그 길을 갈 수 있는 확실한 터닝 포인트를 만들어라. 그 터닝 포인트가 나의 미래를 다시 설계하고 꿈을 이룰 수 있게 하는 도구이기 때문이다.

어떠한 꿈이라도 내가 받을 준비가 되어 있지 않으면 절대로 나에게 오지 않기 때문이고 오더라도 그것이 기회인 줄 모르고 공중에 너무도 쉽게 버리는 오류를 범하기 때문이다.

04

1등이 아니라 꿈을 목표로 하라

우리는 꿈으로 이루어진 존재다.
우리의 인생은 하나의 꿈에 둘러싸여 있다.
– 윌리엄 셰익스피어(William Shakespeare)

행복은 결코 1등에서 오지 않는다

『행복은 성적순이 아니잖아요』 어릴 적 책이나 영화를 한 번쯤은 봤을 것이다. 이 작품은 부쩍 늘고 있는 고교생 자살 사건을 소재로 한 것이다. 이 심각한 문제를 다룬 작품치고는 좀 느슨하지만, 그래도 청소년들의 애환을 잘 그리고 있다.

영화 내용의 줄거리는 이렇다. 고등학생 2학년인 봉구와 천재는 성적이 최하위이다. 그래도 그들은 구김살 없고 밝은 학생들이다. 봉구는 성적이 우수한 은주를 좋아하고, 천재도 양호 선생을 짝사랑한다. 순수한 고등학생들의 마음을 잘 표현한 부분이다.

창수는 가난한 생활에 어머니를 도와 청소 리어카를 끄는 노동을 할 만큼 어려운 가정환경의 학생이다. 풍요한 문도는 늘 창수를 무시하고 비아냥거린다. 부모님 때문에 성적에 대한 집착이 강한 은주는 강박관념에 시달리고 봉구의 순수한 열정에 마음이 흔들려 학교와 가정을 떠나 그들은 야외에서 삶의 기쁨을 만끽한다. 그러나 그것은 잠시 뿐, 현실로 돌아온 은주는 17등으로 성적이 떨어지게 된다. 그리고 부모의 차가운 눈초리에 시달리게 되고 힘들어 하다가 결국 아파트 옥상에서 투신자살을 하고 만다.

어린 나이에 성적 때문에 부모로부터 인정받지 못하여 그에 대한 고통으로 생을 마감한 영화를 보고 가슴 아팠던 시절이 있었다. 요즘은 이 문제가 단연 학생들만의 문제는 아니다. 뉴스를 보면 가끔은 업무에 대한 실적 부담 때문에 자살한 사건도 그리 어렵지 않게 접하기 때문이다. 1등만이 인정받는 시대이기에 1등을 놓고 벌이는 총 없는 전쟁이 어찌 보면 더 잔인하고 슬픈 현실을 보여주고 있다. 학교에서도 1등을, 직장에서도 1등을 인정하는 사회는 우리 모두를 고통과 불안의 삶 속으로 이끈다. '더! 더! 더!'의 부담은 때로는 왜 1등을 해야 하는지 조차도 모르고 맹목적으로 달리고 있기 때문이다.

난 직장 생활을 하면서 항상 순위에 노출된 삶을 살았다. 업무의 가짓수는 30가지 아니 그 이상이 되기도 했다. 그 업무의 모든 것은 항상 순위라는 꼬리표를 달고 있었다. 사무직이었지만 사무미결까지도 순위는 당연히 부여되었다. 우린 항상 그 순위에 따라 고과를 받고 일의 잘함과 못함을 평가받았다. 나 또한 모든 순위가 상위권에 있지 않으면 스트레스를 받는 사람 중에 한 사람이었다. 그래서 때론 죽을 듯이 일을 했던 기억이 있다. 한 건을 마무리함으로써 나의 순위는 올라갈 수 있기에 그 한 건을 마무리하기 위해 밤 12시까지 맹목적으로 기다린 적도 허다했다. 기다리지 않아서 나오지 않는 실적은 상위 부서로부터 질타를 받았기에 나로서는 최선을 다하는 하나의 행동이었다. 밤늦게까지 기다려도 마무리되지 않는 것을 누구든 알지만 기다리지 않는다는 것은 포기와 같은 개념이었기 때문이다.

기다림은 포기하지 않았다는 액션이었던 것이다. 하지만 늦게까지 기다려야 하는 힘듦보다 더 힘들었던 건 결과였다. 영업하는 조직은 어제도 없고 내일도 없다. 오직 오늘만 있을 뿐이다. 어제 1등을 해도 그건 1등이 아니다. 오늘도 1등을 해야 하고 내일도 1등을 해야 하는 것이다. 1등을 했다고 행복했을까? 전혀 그렇지 않았다. 내가 직장 생활이 가장 힘들었던 건 아마도 나의 소중한 꿈보다 삶에 대한 목표보다 이유 없는 1등에 몸부림치는 것 때문이었을 것이다. 힘들었고 계속되는 부담감은 나를 지치게 했다. 그래도 버텨야 했던 건 안정된 회사, 누구든 바라는 대기업이고 세상에서 말하는 좋은 직장이었기 때문이다. 그곳에서의 여유는 사치일 것이다. 실적을 내야 하고 내 이름이 위에 있어야 하는 것이다. 그게 최선이고 그게 당연한 일인 것이다.

모든 사람은 성공을 꿈꾸지만 각자가 생각하는 성공의 기준은 다르다. 돈을 많이 버는 성공. 명예를 가지는 성공. 좋은 직업을 갖게 되는 성공. 각자의 성공의 목표대로 이루면서 기쁨을 맛볼 것이다. 나 또한 성공하고 싶고 나만의 성공의 기준이 있다. 내가 하고 싶은 일을 하면서 돈도 많이 버는 것이다. 일하는 것이 행복해야 한다. 절대 돈이나 순위에 연연하지 않는 일이어야 한다. 미래 지향적이어야 하고 일을 통해서 나의 발전을 거듭하는 일이어야 한다. 선하고 다른 사람에게 선한 영향력을 줄 수 있는 일이어야 한다. 거창하다고 할 수 있지만 결국은 내가 성공하는 것은 내가 하고 싶은 일을 하는 것이다. 하고 싶은 일을 할 때야말로 누가 시키지 않아도 즐길 수 있다. 스스로 목표를 세우고 그 목표를 위해서 달린다. 절대적인 순위는 중요하지 않다. 나 자신과의 약속이며 내가 이루고자 하는 목표에 집중한다.

꿈은 열정 있는 삶을 선사한다

난 지금의 공부를 하면서 많은 사람들을 만난다. 이들에게 공통점이 있다면 명확한 꿈과 목표가 있었다. 정말 이루고 싶은 꿈이기에 때로는 잠을 이루지 못하고 시간을 투자해서 공부한다. 또 어떤 사람은 5시간의 이동 시간을 투자해서 오는데 그들에게 이러한 환경이 전혀 방해가 되지 않았다. 나 또한 마찬가지이다. 명확한 꿈과 목표가 있기에 잠을 조금 자더라도 다른 사람보다 당분간의 여유를 즐기지 못하더라도 그것보다 내 꿈에 가치가 더 있기에 지금을 즐겁게 할 수 있는 것이다.

무조건 1등을 위한 것이 아니라 내가 하고 싶은 일, 내가 행복한 일이기에 어떠한 수치는 중요하지 않다. 그 과정을 가고 있음에 행복하고 이루고 가고 있음에 감사하다. 가는 과정이 순탄한 길이 아님도 안다. 하지만 그 길은 나를 더욱 성숙하게 하고 단단하게 하는 길임을 알기에 그 고난 또한 즐기려 한다.

나의 매년 목표와 꿈은 명확하다. 또한 하나씩 이루어 가고 있다. 누군가의 무서운 매질이 무서워서 도망가듯 쫓기듯 하는 목표가 아니다. 내가 계획하고 내가 목표한 것이다. 나의 온전한 꿈이다. 위를 향해서 무조건 앞만 보고 뛰는 것이 아니다. 행복의 여유를 즐기면서도 때론 내 목표를 향해서 끊임없이 달린다. 그 달림에는 때론 숨이 차는 일도, 지쳐 쓰러지는 일도 있을 것이다. 하지만 감사함으로 받아들이는 여유가 있고 다시 일어설 수 있는 용기가 있다. 나의 꿈이, 나의 목표가 에너지가 되며 힘이 되기 때문이다. 행복은 무조건 위에 있는 게 아니다. 내 안에 꿈틀거리는 꿈이 있을 때 나의 정확한 목표가 있을 때 진정한 행복은 나에게 온다.

05
노력보다 꿈꾸는 능력을 발휘하라

나의 꿈은 모두 내 것이었다.
나는 어느 누구에게도 나의 꿈을 설명하지 않았다.
꿈은 화가 났을 때 피난처였고 시간이 날 때 가장 소중한 기쁨이었다.
- 메리 셸리(Mary Shelley)

꿈은 내 삶의 나침반이다

매일 아침 새벽 6시에 나가서 하루 종일 최선을 다하고 저녁 늦은 7~8시까지 성실하게 살아도 겨우 먹고사는 데 그런 것이 어디 있습니까? 배부른 소리마시고 그렇게 좋은 것이 있으면 당신이나 가지쇼!

난 하루에도 많은 고객들을 상담하는 일을 하고 있다. 상담한 고객 중 열심히 살아도 항상 그 자리에 있는 사람들의 성향을 보면 그렇게 될 수밖에 없는 생각을 하고 살아간다. 나의 현재 상황에 만족하지도 못하는 건 기본이고 내 삶이 여기서 나아질 것이란 기대가 없다. 그건 허황된 꿈이라 생각하고 현실만을 직시한다. 오늘 주어진 일을 겨우 끝내고 지친 한 달을 잘 버티고 나면 그 보상으로 월급을 받는다. 한 달 월급을 받아 쪼개고 쪼개서 겨우 먹고 살고 아이들 교육하고 가장 큰 계획이라면 아끼고 아껴서 은행에 차곡차곡 모아 내 집 마련 정도를 생각하고 있기 때문이다.

사실 이들의 삶이 전혀 낯설지 않은 건 나 또한 이들과 비슷한 삶을 살았던 시절이 있었기 때문이다. 하지만 이제는 나의 삶은 예전의 삶과 너무도 다르다. 똑같은 24시간을 보내고 있고, 똑같은 가족들과, 똑같은 집에서 생활하지만 예전의 삶과 다르게 사는 데는 이유가 있다. 어느 날 갑자기 로또를 맞아서도 아니다. 큰 행운이 생긴 것도 아니다. 단지 그것은 바로 나에게 이루고 싶은 간절한 꿈과 목표가 생겼기 때문이다. 꿈이 있다는 것은 새로운 삶을 나에게 선물한다. 배움이 두렵지 않고 즐겁다. 도전이 두렵지 않고 새롭다. 꿈이 있다는 것이 이렇게 나에게 새로운 변화를 선물할지 전혀 예상하지 못했다.

현재 나에게 꿈과 목표란 무거운 짐을 지고 힘겹게 들고 가는 것이 아니라 하나씩 이루어감을 의미한다. 그렇기에 꿈과 목표는 내가 가고자 하는 삶의 지표이며 오늘을 열심히 사는 나침반인 것이다.

매일매일 성실하게 일하는 것도 무엇보다 중요하다. 하지만 내가 지금보다 좀 더 나은 생활을 계획하고 목표를 계획하는 것은 지금의 삶보다 한층 나은 삶을 살 수 있는 바탕이 된다. 내가 지금의 삶이 만족스럽지 못하다면 지금보다 나아지는 새로운 방법을 찾아야 된다고 강조하고 싶다. 그것이 재테크든 일이든 말이다. 지금의 현실만을 직시하고 안주할 게 아니라 지금보다 나아질 수 있는 방법을 찾아 나서야 한다. 갑자기 대박을 바라는 일도 아니며 정직하고 지혜로운 방법은 얼마든지 있기 때문이다. 그 기회는 누구에게든 올 수 있다. 하지만 그 기회를 기회로 보지 않기 때문에 내 것이 될 수 없는 것이다. 기회는 준비하는 자에게 반드시 오기 때문이다.

일을 통해서 많은 사람들에게 희망을 주다

40대 후반의 부부가 있다. 맞벌이 부부이고 아들 2명을 둔 평범한 가정이다. 남편분도 안정된 직장을 가지고 있으며 아내 또한 전문직 일을 하고 있다. 가족의 삶 또한 걱정 없는 삶이고 부족함 없는 삶이기에 별다른 계획 없이 살아왔다. 지금의 삶이 영원할 것이란 나름의 계산이었던 것이다. 앞으로 은퇴는 10년이 남은 상태였다. 10년이란 세월은 이 가족에게 여유가 있는 시간이었고 퇴직하고 나면 퇴직금이 있을 것이고 그동안 조금씩 모아둔 자금으로 노후를 살 계획을 하고 있었던 것이다. 이 가족에게는 현실의 만족만 있었을 뿐 미래에 대한 명확한 계획은 없었던 것이다. 그러던 중에 이 가족에게 새로운 계획이 생긴 것이다. 10년 후

노후 준비를 미리 준비하게 되었다. 미래를 준비함으로 인하여 아들에게도 새로운 계획이 생겼다고 너무도 좋아하는 모습을 보고 너무 흐뭇했다.

이 가족은 계획된 미래를 위해서 지금을 더 열심히 살 것이고 미래에 대한 기대와 희망이 있기 때문에 지금의 삶이 행복한 건 당연할 것이다. 지금의 현실에 노력하며 사는 것은 너무나 중요한 일이지만 더욱 중요한 건 미래가 기대가 되는 삶이어야 한다. 우리를 만난 것에 대한 감사와 고마움을 표현해 줄 때마다 난 일에 대한 만족감을 배로 느낀다.

지금의 일을 좋아할 수밖에 없는 이유는 누구에 의해서 주어진 목표가 아닌 내가 목표를 세우고 그 목표를 통해서 꿈을 이루어 나갈 수 있는 발판이 되기 때문이다. 나뿐 아니라 나를 통해서 미래를 계획하는 주변 사람들을 보면 나는 감사와 희열을 느낀다. 그들이 지금까지 현실에 안주하여 조금은 부정적인 삶을 살았다면 앞으로 미래에 대한 꿈을 꾸고 계획하는 것이 나로서는 너무 흐뭇한 일이기 때문이다. 나를 통해서 새로운 인생을 계획하는 사람들을 보면 나는 기분이 매우 좋아진다. 그렇기에 나는 이 일을 사명감을 가지고 계속할 것이다.

아이들이 볼 때 예전처럼 일을 하지만 화도 잘 내지 않고 일을 즐거워하고 에너지가 넘치는 엄마의 모습은 예전하고는 사뭇 다르다. 대화를 할 때도 밝은 표정이며 예전처럼 일요일 오후가 되어도 기분이 좋지 않다는 표현을 하지 않기 때문이다. 엄마가 하는 일에 자부심을 가지고 있기에 난 가끔 아이들 앞에서 상담 연습도 해보고 교육도 해보곤 한다. 고객뿐 아니라 아이들에게도 자립과 미래를 주고 싶은 마음에서이다. 그래서 우리 아이들은 엄마가 좋아하는 일을 하고 있다고 확신하고 있다.

아들 셋 중 쌍둥이 아들이 중학교 2학년이 되었다. 초등학교 5학년 12살! 커서 무엇이 되고 싶고 꿈이 무엇인지 물었을 때 아들은 벌써 결정해야 하냐고 반문을 했었다. 아이들은 꿈이란 아마도 직업을 선택해야 하는 일이고, 또는 높은 성적을 받아야 하는 꼭 공부를 잘해야 하는 것이 꿈을 이루는 조건이라고 생각했을지도 모른다. 나 또한 그렇게 믿고 살았던 시절이 있었다. 무조건 최고의 성적만이 꿈을 이루는 과정이고 결과라고 말했던 엄마였으니 말이다. 그래서 아이들에게 꿈이란 어렵고도 먼 이야기였을 것이다. 이제야 아이들에게 그 무거운 쇠사슬을 하나씩 풀어주는 엄마가 되어가고 있는 것이다.

얼마 전 아이들이 아빠에게 제안을 해왔다. 입고 싶은 옷이 있는데 아이들이 생각할 때 고가의 옷이라 생각이 되었는지 무작정 사달라고 할 수는 없고 성적을 올리겠다는 약속을 한 것이다. 최고의 성적은 아니지만 쌍둥이들에게는 도전이 필요했던 목표였던 것이다. 기분 좋은 거래를 약속했다. 요즘 쌍둥이들은 학교가 끝나거나 주말에 도서관을 간다. 나와 남편은 웃음이 절로 나온다. 그런 쌍둥이들이 귀엽고 사랑스럽다. 스스로 하려고 하는 마음과 이루고자 하는 목표가 있다는 것이 너무 기특하기 때문이다. 우리 부부는 농담으로 해가 서쪽에서 뜨진 않았는지 확인해 보자고 하면서 행복한 대화를 나누곤 한다.

누구에게나 이루고자 하는 목표와 꿈이 생긴다는 것은 새로운 삶과 변화를 가져다준다. 기대하는 삶을 주는 것이다. 그 노력이 하나하나 이루어지면서 성취감을 맛볼 것이다. 성취감을 맛보는 사람은 새로운 도전을 계속할 수 있는 자신감이 생길 것을 너무도 잘 안다.

그렇기에 최고의 성적이 아니어도 스스로 목표를 잡고 이루려고 하는 그 열정과 마음이 가장 중요한 것이다. 꿈과 목표를 이루는 데 있어서 꿈을 높게 잡는 것도 중요하지만 내가 하나씩 이루어갈 수 있는 목표는 성취감과 함께 포기하지 않는 열정을 준다.

무작정 주어진 시간 안에 주어진 일을 기계처럼 잘 해내는 것보다 내가 하고자 하는 꿈을 꾸는 것은 어떤 것보다 값지고 가치가 있을 것이다.

그렇기에 어떤 능력보다 꿈과 목표를 스스로 갖는 능력은 매우 중요하다. 그것은 어떠한 조건도 필요 없다. 그렇기에 누구나 가능한 일이며 해야만 한다. 이 능력이야말로 나에게 새로운 삶과 더 나은 미래를 가져다주는 진정한 보석이기 때문이다.

06

그럼에도 불구하고 꿈을 향해서!

노력이 계속되고, 동기가 지속되며,
희망이 여전히 살아 있는 한 꿈은 결코 사라지지 않을 것이다.
– 에드워드 케네디(Edward Kennedy)

꿈을 이루는 과정의 시련은 반드시 온다

"전기고 후기고 공동 등록 기간이 OO일부터 OO일 5시까지입니다. 기간 내에 등록금을 꼭 납부해주시고 납부했음을 제게 문자로 알려주세요. 등록금 미납부시 불합격 처리됩니다. 25일까지 진학 결과를 교육청에 보고해야 합니다. 가능한 목요일까지 납부해주시고 금요일에는 납부 상황을 보고할 수 있도록 협조 부탁드립니다."

"헉! 학교 발표 결정됐나요?"

"네 어머님 아들은 OOO고등학교네요."

결혼 후 3개월 후에 바로 첫 아이를 갖게 되었다. 내가 새 생명을 잉태한다는 것, 엄마가 된다는 것은 너무도 신기하고 감사한 일이었다. 어떤 아이가 나올까? 누굴 닮은 아이가 나올까? 너무도 기대되고 신비함 속에 나는 아들을 선물로 받았다. 첫 아이를 나는 아들을 원했다. 난 1남 5녀 딸이 많은 집안의 넷째 딸이었고 어머니는 아들을 갖기 위해서 6남매를 낳으신걸 알기 때문에 나도 무엇보다 첫 아이는 아들을 원했었다. 나의 바람대로 너무도 예쁘고 잘생긴 아들을 갖게 되었다. 미소천사라 불릴 만큼 미소가 예쁜 아이다. 성격도 따뜻해서 엄마인 나를 항상 아빠처럼 잘 챙기고 때론 듬직해서 쌍둥이 동생들도 잘 챙기는 든든한 아들이다.

그 아들이 올해 고등학교를 입학한다. 원하는 학교를 1지망으로 써놓고 발표를 기다리고 있는 중이었다. 그런데 요즘 일과 엄마 꿈 찾기에 바쁜 나머지 학교 발표일도 잊고 있었던 것이다. 다른 엄마들은 혹시나 우리 아이가 원하는 학교가 아니면 어쩌나 걱정하다 발표하는 날 홈페이지에 들어가서 확인하고 했을 것이다.

그런데 난 이미 결과 발표 난 이후에 수업료를 납부하라는 문자로 아들의 합격 통보를 받았으니 순간 가슴이 철렁 내려앉았다. 그 순간 이런 생각이 들기까지 했다. 이 문자를 제대로 보지 않았다면 수업료를 내지 않아서 합격이 취소되었을 것이라는 끔찍한 생각 말이다. 엄마의 꿈 찾자고 아들의 앞길을 막지는 않았을까 하는 마음이 드는 순간 미안함과 불안감이 물밀 듯이 몰려왔다.

그날은 일찍 퇴근해서 집에 왔다. 미안한 마음에 아들에게 "아들! 축하해~. 원하는 학교 발표 났다면서. 잘됐네!" 하고 말했더니 아들은 "응~ 엄마, 예상했지!" 아무렇지 않은 듯 대답했다. 수업료를 "언제까지 내야 한다고 하던데."라고 했더니 "응! 내일 학교 예비소집일이 있어서 학교에 가서 수업료 용지 받아올 거야~." 그 말을 듣는 순간 안도의 한숨을 쉬었다. '아~ 수업료를 잊고서 안 낼 수는 없었겠구나!' 하는 마음이 들자 순간 긴장했던 마음이 풀어졌는지 피곤이 몰려왔다. 오늘은 좀 쉬어야겠다는 생각을 할 때쯤 집안의 밀린 일들이 눈에 보였다. 내가 하고 싶은 일에 몰두하다 보니 내 손길이 갔던 부분들에 빈틈이 보이기 시작했다. 그날 천천히 집안일을 하면서 곰곰이 생각에 잠겼다.

내가 너무 내 생각만 한 건가? 제대로 하는 게 맞는가? 하고 말이다. 잠깐의 흔들림 속에 집안일을 하고 있을 때쯤 큰아들이 내게 다가오더니 "엄마, 내가 뭐 도와줄까요?" 하고 묻는 것이었다. "아니야, 괜찮아. 엄마가 할게. 엄마가 요즘 많이 늦어서 불편했지?" 아들이 말했다. "괜찮아. 상관없어. 다들 각자 바쁘잖아! 엄마도 할 일 해야지!" 하면서 나를 오히려 위로했다. 내가 큰아들을 좋아하고 더욱 의지하는 이유가 이런 게 있다. 항상 엄마인 나를 격려하고 힘을 주기 때문이다. 고마움과 함께 그 순간 다시 한 번 나를 다지는 순간이 되었다. 엄마가 무엇보다 꿈을 향해 열심히 사는 그 모습이 아들에게는 자신의 합격 통보를 먼저 확인해서 기뻐해주는 것보다 더 크고 값진 것이란 생각이 들었던 것이다. 그것이야말로 살아 있는 교육인 것이고 꿈을 이루어 가는 아들에게 꿈을 향해 최선을 다하는 엄마의 모습이 더욱 멋진 엄마의 모습이라 생각한다.

바쁜 가운데서도 가족을 사랑하는 본질을 잊지 않는 것. 내가 이루고자 하는 꿈이 나만이 아닌 나와 함께 사는 가족들에게, 주변인들에게 얼마나 좋은 영향을 끼칠 수 있는 일인지에 대해 생각해 볼 때 그 조건이 합당하다면 끝까지 도전해야 한다.

꿈을 이루어 가는 과정이 평탄한 사람은 단 하나도 없다. 평탄한 길은 오히려 더 크게 성장하는 것을 방해하고 편안함에 안주하여 그곳에 도달하지 못하게 할 위험이 있기 때문이다. 시련을 감사함으로 받아들여야 한다. 그래야 비로소 내 꿈을 향해서 한 발짝 더 나아갈 수 있기 때문이다.

성공은 실패라는 계단을 통해서 올라간다

성공자들의 성공 신화를 보면 성공은 그들에게도 결코 쉬운 일이 아니었다는 것을 알 수 있다. 수십 번 수백 번의 실패를 통해서 오늘날 성공을 맛보게 된 것이다. 꿈을 갖기 전까지 그들이 어떻게 꿈을 이루고 성공을 이루었는지 조금도 궁금해하지 않았다. 나보다 좋은 학력과 부유한 집안, 타고난 재능이 있었기에 가능한 것이라 생각했기 때문이다. 하지만 난 꿈을 이루고 목표를 이루어 가는 중에 수많은 성공 사례를 접하게 되었다. 그 가운데 많은 것을 배우고 깨닫는다. 또한 알았다. 성공한 그들 중 단 한 사람도 결코 평탄한 길이 없었다는 공통점이 있다는 것을 말이다. 오히려 그 길이 비단길처럼 평탄했다면 그들은 지금의 자리에 없었을 것이다.

난 집안 살림을 즐겨하지 않는 편이다. 힘들고 고된 노동이기 때문이다. 그러던 중 우연하게 홈쇼핑을 시청하던 중 바닥 청소를 쉽고 깨끗하게 할 수 있는 스팀 청소기를 보고 구입한 적이 있었다. 물론 몇 년 전의 일이다. 나에게 이 청소기를 개발한 사람이 고마운 존재였고 어떻게 이런 생각을 했을까 하는 정도로만 가볍게 여기고 넘긴 적이 있었다.

어느 날 TV 프로그램에서 내가 산 스팀청소기를 발명한 여성 CEO 한경희 대표의 성공 신화를 보게 되는 일이 있었다. 내가 구입했던 청소기라 유심히 시청하게 되었다. 한경희 대표는 주부 출신 CEO였기에 쉽지 않는 시작이었다. 여성이기에 사회에서 인정해주지 않았고 자금이 부족하여 시댁과 친정집을 담보 삼아 자금을 융통하기도 했다고 했다. 또한 제품을 완성하고 판매 직전 단계에 불량을 발견하게 되어 모든 제품을 폐기해야 하는 상황까지 있었던 것이다.

수없이 포기할 수밖에 없는 조건이었던 것이다. 하지만 포기하지 않았다. 본인이 이루고자했던 목표와 꿈이 확실했고 그것을 믿었기 때문이다. 그랬기에 오늘날 그 성공 신화의 주인공이 되었을 것이다. 한경희 대표는 또한 미국 유명 잡지가 꼽은 50대 여성 기업인에 선정되기도 했다. 오늘날도 새로운 것에 도전하고 실패를 반복하면서 더욱 성장하는 기업을 만들어 가고 있다. 초심을 잃지 않고 끊임없이 목표를 향해 가고 있다. 그녀에게는 "언제든 다시 시작할 수 있다."는 경영 이념이 있었다. 포기하지 않는 열정, 끊임없는 도전과 미래를 향한 전진! 곧 살아있는 기업정신이 있었기에 오늘날 성공을 맛보는 CEO가 되었을 것이다.

우리는 인생을 살아가면서 많은 기쁨과 함께 시련을 겪고 살아간다. 시련이 있다는 것은 내가 그 삶에 안주하지 않고 무언가에 도전하고 있고 움직이고 살아 있다는 증거이다. 우린 가끔은 시련을 실패로 착각한다. 그래서 이 길이 아닌가 하는 판단으로 포기하고 만다. 시련이란 끊임없는 변화와 도전 속에서 성장해가는 과정 중에 한 단계 올라갈 수 있는 시험이다. 그 시험을 잘 이겨낼 때 비로소 성공이란 목표 지점에 도착할 수 있는 것이다. 그렇기에 어떤 환경이 와도 꿈을 향해 나아가야 한다.

성공은 실패라는 계단을 밟고 또 올라가기를 반복하면서 정상에 올라가는 것이다. 지금 실패했다고 생각하는가? 다시 도전하라! 성공은 이미 당신 것이다.

07

나를 내가 좋아하는 나로 성장시켜라

함께 있을 때 웃음이 나오지 않는 사람과는
결코 진정한 사랑에 빠질 수 없다.
- 아그네스 리플라이어(Agnes Repplier)

내 옷이 아닌 다른 옷을 입고 있는 나

여보! 내가 시간만 충분하면 완전한 살림꾼이 될 테니까 기다려봐! 지
금은 시간이 없어서 그런 거니까! 알겠죠.

난 고등학교를 졸업 후에 바로 일을 시작했다. 처음 입사한 회사가 대
기업이고 사무를 하는 일이었다. 20대부터 아침 8시 이전에 출근해서 밤
11시, 12시에 퇴근하는 일이 흔한 일상이었다. 일에 치이고 피곤하다 보
니 집에 있는 시간도 많이 없었고 항상 몸과 마음은 일에 파묻혀 있었다.
그렇기에 집안일에 대한 관심이 많지 않았고 흥미도 없었다. 하지만 결

혼 후에는 자의든 타의든 집안일을 해야만 하는 입장에 있었다.

결혼 전까지 일에 파묻혀 집안일에 대해서 관심조차 없던 아가씨가 결혼을 해서 아이를 낳고 집안일을 해야 하는 건 그다지 즐거운 일은 아니었다. 집중해야 하는 이유도 느끼지 못했고 또 잘해야 하는 이유도 몰랐다. 하지만 함께 지내는 남편 입장에서는 많이 불편해했다. 남자들의 결혼 후 로망은 퇴근 후 집에 오면 예쁜 아내가 따뜻한 밥 한 끼 해놓고 기다려주는 것이 나름의 로망일 텐데 난 그러질 못했다. 요리 솜씨도 없어서 맛있는 밥상을 차려주질 못했고 부족한 밥상마저도 남편보다 퇴근이 늦은 날이 많아 그마저도 얼마되지 않았다.

정신없이 신혼을 보내고 아이들을 출산하고 나니 그 부족함의 자리는 점점 커갔다. 집안일에 대한 불만으로 싸우는 일도 종종 있었다. 남편과 가장 많이 다툰 일이라면 아마도 집안일에 소홀한 것 때문이었을 것이다. 다툼이 있을 때마다 난 시간 핑계를 댔고 시간이 많으면 완벽하게 할 수 있다고 큰소리를 탕탕 치곤 했다. 그러던 중 드디어 큰 소리 친 결과를 보여줄 때가 왔다. 바로 20년 다닌 직장을 그만두었기 때문이다. 난 다짐했다. 그래! 완전한 살림꾼이 되어서 그 동안 못다 한 한을 풀리라 생각했던 것이다.

퇴직 후 나의 하루는 너무도 멋지게 계획되어 있었다. 출근할 때와 똑같이 아침에 일어나서 아이들 아침을 차려주고 그동안 못 했던 아이들 등교에 손도 흔들어주는 것이다. 사랑스런 아이들이 학교에 가면 집안 청소, 빨래, 설거지 등을 깔끔히 하기로 되어있다. 일이 끝나면 그동안 손대지 못하고 쌓여 있던 많은 일들, 계절별로 옷장을 정리하는 일, 씽크 대를 정리하는 일들로 계획되어있다. 한창 집안일을 하고 숨 좀 돌릴 때 쯤 아이들이 학교에서 돌아올 시간이다. 그런 다음 아이들 간식을 챙겨 주는 것이다. 간식을 맛있게 먹은 아이들이 학교 숙제를 마치고 책을 읽 는 모습을 상상해보니 참으로 행복했다. 저녁 식사 때가 되면 맛있게 차 려놓은 밥상에 하루 종일 열심히 일한 남편을 반갑게 맞이해 주는 걸로 하루 일과가 끝이 난다.

내가 계획한 대로 난 모든 일정을 집안일에 집중했다. 그런데 이상하 다. 계획했던 일을 잘 마무리했는데도 성취감이나 만족감이 없었다. 오 히려 몇 개월 후 똑같은 일상이 반복되니 나 자신에게 무료함이 찾아오 기 시작했다.

이 바쁜 세상 다들 세상 밖에서 열심히 살아가는데 난 이렇게 부가가 치 적은 일로 하루를 다 보내야 하나? 언제까지 이렇게 집안일에 나의 시 간을 쏟아부어야 하지? 살림을 잘해도 돈이 생기는 것도 아니고 내 발전 은커녕 나의 자존감은 떨어지고 자꾸만 사회와 멀어지고 있다는 생각이 들었다.

가끔 시장 보러 가거나 시내에 볼일이 있어 나가면 모든 사람들이 어딘가에 소속되어 일을 하는 모습만이 내 눈에 들어왔다. 마트에서 캐셔로, 정리하는 일로, 은행에서도 동사무소에서도 학원에서도 각자 자기에게 주어진 일을 열심히 하고 있었다. 일하는 사람들이 부러웠다. 자기가 할 수 있는 일을 당당하게 해내는 모습이 너무나 멋져보였다. 저 사람들도 일을 마치고 가면 집에 가서 주어진 시간에 집안일을 할 텐데 난 왜 집안일에만 온 정성을 쏟아야 하는지 그 순간 나 자신이 이해가 되지 않았다.

학생일 때는 학생의 신분으로 직장 다닐 때는 직장에서 주어진 일로 바쁘게 살아온 내게 집안일은 너무 부가가치가 낮은 일이었다.

난 일이 힘들어도 일을 할 때 가장 에너지가 샘솟는다. 내가 좋아하는 일을 할 때는 더욱더 그렇다. 어떤 목표를 위해서 뛸 때 힘과 열정이 생긴다. 여자라서 꼭 집안일에 온 에너지를 쏟는 것이 아니라 나만의 목표를 잡고 성취할 때 난 가장 만족하는 내 자신을 발견했다. 욕심이 많은 나는 지는 것도 싫어했다. 결과가 나오지 않으면 스스로 스트레스를 받는 성격이었다.

그런 나에게 눈으로 들어나지 않는 집안일에 온 정성과 집중을 쏟으라고 했으니 삶의 의욕도 재미도 없었던 것이다.

인생을 살다보면 뜻하지 않게 힘든 일, 하기 싫은 일 등을 접하게 된다. 하지만 그 상황들을 어떻게 받아들이고 어떻게 대처하느냐에 따라 그 사람의 인생은 너무나 달라진다. 하기 싫은 일, 힘든 일이어도 꼭 해야만 하는 일이 있다. 하기 싫다고 안하는 건 무책임한 일이고 힘든 일이라고 안하는 것 또한 무능한 사람이기 때문이다.

난 집안일에 쏟은 시간을 좀 더 효율적이고 나를 위한 시간으로 쓰기로 마음먹고 남편과 대화를 시도했다. "자기야~ 내가 집안일을 해보니까 집안일에 온 시간과 정성을 쏟기에는 시간이 아까운 거 같아. 또한 부가가치가 낮은 일에 온 에너지를 쏟는 것은 에너지 낭비이고 나를 위한 시간이 필요한 거 같아. 집안일에 시간을 조금 투자하고 나머지는 나를 위한 시간에 투자하고 싶은데 어떡하지?"라고 말이다. 남편의 대답은 생각 외로 긍정적이었다. 내가 큰소리 친 부분이 있어서 조금 웃겼던 모양인지 크게 한바탕 웃고는 하고 싶은 것을 해보라고 했다.

진정 나답게 살아갈 때 행복하다

나의 하루 계획표는 정정되었다. 이제는 아이들 학교를 보내고 나면 같은 회사에서 일하다 같이 퇴직한 언니와 매일 등산을 하기로 했다. 시내에서 느끼지 못한 싱그러운 공기는 건강을 주는 것 같았고 중간에서 마시는 커피 한잔은 달콤했다. 정상에서 마시는 막걸리 한잔은 더욱 행복한 삶임을 입증해주었다. 등산이 끝나면 골프장에 가서 골프 연습을 한다. 20년 동안 컴퓨터 앞에만 앉아서 일했던 나에게 골프는 어려운 운동이지만 그 또한 아무런 방해가 되지 않았다. 배움 그 자체가 좋았기 때문이다. 골프 연습을 마치면 기타를 배우러 기타학원으로 간다. 기타학원에서 중학교 학생들과 같이 기타를 배운다. 어릴 적 악기 배우는 것이 너무나 소원이었는데 지금이라도 기타를 배운다는 것이 너무 행복했다.

나는 지금까지 배우고 싶은 운동도 배우고 악기도 배우니 너무나 행복했다. 이 과정들이 끝나고 나면 아이들 간식을 주러 총알같이 집으로 돌아가는 것이었다. 물론 예전보다 집안일을 많이 신경 쓰진 못하지만 우리 가족이 생활하는 데는 전혀 불편함이 없었다.

지금은 내가 좋아하는 회사 일로 바쁜 생활을 보내고 있지만 잠깐이나마 나를 위해 투자했던 것들은 나에게 너무나 도움이 되었다. 등산은 건강과 더불어 다이어트 효과까지 주었다. 골프는 잘하진 못하지만 가끔은 언니들과 자연을 벗 삼아 운동을 나가기도 한다. 기타는 내가 배우고 싶은 악기였기에 좋은 경험이 되었다.

내 인생의 주인공은 나다. 누구에 의해서 결정되는 것이 아니다. 지금 내가 살고 있는 모습에 대해 누구를 탓해서도 안 된다. 내가 지금 살고 있는 모습은 내가 그렇게 살기로 결정한 것의 결과다. 나의 삶을 좀 더 나답게 살고 싶은가?

가장 나다운 것이 무엇인지? 내가 좋아하는 것이 무엇인지? 나를 점검해야 한다.

행복한 내 인생을 만들고 싶다면 가장 나다운 나로 내가 가장 좋아하는 나로 성장시켜라. 내 인생의 주인인 내 삶의 행복을 만들어 갈 수 있는 사람은 오직 나 자신뿐이기 때문이다.

3장

나는 더 이상
인생을 뒤로 미루지
않을 것이다

01
그 분야의 최고 전문가에게 배워라

당신이 진정으로 믿는 일은 반드시 이루어진다.
믿음이 그것을 실현시킨다.
- 프랭크 로이드 라이트(Frank Lloyd Wright)

최고의 전문가를 만나는 건 성공의 지름길이다

"기회는 준비하는 사람에게 온다."라는 말을 수없이 듣는다. 하지만 어떻게 준비를 해야 할지 막연할 때가 많다. 진짜 인생은 지금부터인 40대에서는 2, 30대처럼 쓰러지고 넘어지기를 경험해야 하는 시기를 졸업해야 한다. 40대 인생에 어떤 사람을 만나고 어떤 공부를 하는지에 따라 앞으로 나의 제 2의 삶이 결정되기 때문이다.

높은 빌딩, 커다란 사무실 한 켠에 넓은 책상, 널브러진 서류들 속에서 열심히 일하다 20년을 달려온 나에게 새로운 세상과 새로운 빛을 볼 수 있게 해준 모임이 있었다.

최고위 과정 예술아카데미라는 모임이었다. 예전의 직장을 그만두고 지인을 통해서 이 모임에 들어가게 되었다. 새로운 사람을 만남을 두려워하고 필요하지 않다고 만남의 게으름을 피웠던 나에게 이 모임은 새로운 세상으로의 입성이었다. 모임의 인원은 60명에서 많게는 100명 가까이 많은 분들이 모인 모임이다. 이 모임에 참여하신 분들은 대부분 사업가들과 자기 일을 하는 사람들로 이루어져 있었다. 지금까지 2, 30대를 거쳐 40대를 지나 큰 성공을 이룬 사업가들이 많이 계셨다.

그들은 지금까지 열심히 살아온 자신에게 문화와 예술이라는 매체를 통해서 자신을 가꾸고 자신에게 주는 포상과 여유를 선물하는 분들이었다. 새로운 일을 시작하는 나는 모든 것을 같이 할 수 없음도 인지하고 그들에게서 배우고 싶은 부분은 배워나갔다. 때로는 일과 가정 때문에 자리를 먼저 떠야 하는 아쉬움이 많았다. 하지만 성공한 사람들과의 소통을 통해서 안주하지 않고 끊임없이 자기 계발을 하는 분들의 정신을 배울 수 있어서 난 지금도 이 모임에 참여한다. 모임을 통해서 다시 한번 새로운 세상을 배우고 느끼며 이들처럼 성공한 삶을 살 거라 다짐해 보는 계기가 되기 때문이다.

2, 30대에 겪지 못했던 새로운 삶, 새로운 만남은 너무도 소중하다. 어찌 보면 나보다 인생을 먼저 살아온 선배들에게 배우는 인생 공부는 어

떤 교과서보다 최고의 교과서가 아닐까 생각해본다. 최고의 전문가는 그 분야에서 실패를 수없이 겪고 성공을 이룬 바로 옆에 가까이 있는 사람일 수 있기 때문이다. 나는 그 사람들과의 만남을 축복하고 감사한다. 또한 그분들에게서 성공하는 법을 듣고 배운다.

준비된 자에게 기회가 온다
꿈을 이루기 위한 완전한 도구를 만나다

한 사람 한 사람의 각자의 인생은 누구나 평범한 인생이 없고 수많은 경험과 힘든 과정들을 겪고 성장하고 성숙한다. 남들이 보기에는 극히 평범한 인생이지만 나에게 만큼은 특별한 인생이기에 그것을 기록하고 싶은 꿈들이 있다. 나 또한 작가라는 꿈을 어릴 적 꾸었고 또한 글 쓰는 것을 좋아했기에 언젠가는 내 이름으로 된 책을 낼 것이라는 꿈을 가지고 있었다. 하지만 책을 내는 시스템을 몰랐고 절차라는 것을 몰랐기에 어떠한 행동을 취할 수 없었다. 그러던 중 우연히 책을 읽다 책 쓰는 코칭회사 〈한책협〉을 만나게 된 것이다. 준비된 자에게 기회가 온다는 말은 이럴 때 쓰는 말이다. 언젠가는 책을 내야겠다는 생각이 책을 쓸 수 있게 하는 시스템을 만나게 해준 것이다.

지금의 책 쓰기 코치 김태광 대표를 만난 건 또 한 번 내 인생을 바꾸는 계기가 되었다. 김태광 대표는 그야말로 책 쓰기의 전문가 중의 전문가였다. 만 권 이상의 책을 읽고 개인 저서가 200권 이상 있으며 900명 가까이 작가를 배출했으니 이보다 더한 전문가가 어디 있을까? 누구나 작가가 될 수 있다는 희망을 주는 김태광 대표야말로 성공전도사이며 평범하고 부족함 많은 나에게 미래를 선물해주는 산타클로스임이 틀림없다.

대표를 통해서 책 쓰기 과정을 공부하면서 난 가끔 깜짝깜짝 놀랄 때가 많다. 마치 내 속에 들어와 있는 것처럼 나의 고민과 나의 어려움을 알고 있으며 나의 부족한 부분들을 너무나도 잘 짚어주기 때문이다. 그도 그럴 것이 김태광 대표가 여기까지 올라 올 수 있었던 것은 수많은 경험과 실패를 통해서 알게 되었기 때문일 것이다. 그 실패를 이기기 위해서 끊임없는 노력과 피나는 연구를 했기 때문일 것이다. 그 노력이 진정한 전문가로 거듭날 수 있었던 이유였다. 또한 김태광 대표는 책 쓰기로 끝나는 것이 아니라 책을 통해서 더 많은 수익을 창출할 수 있는 여러 가지 시스템들을 갖추고 있었다. 그 지식을 아낌없이 작가들에게 배움을 통해서 오픈하는 것에 또 한 번의 감동을 받았다. 같이 성공하려는 마음, 가르친 제자들이 멋지게 성공하는 것을 기뻐하는 그 대표의 선한 마음을 알기에 작가들은 그를 최고의 도사라고 인정하고 있는 것이다.

나는 축복 중에 만남의 축복을 가장 감사하게 생각한다. 인생에 있어서 단 한 사람이라도 내게 좋은 영향력을 끼치는 사람을 만나면 성공하는 인생인데 난 주변에 너무도 감사한 만남의 축복이 많기 때문이다. 또한 내 주변에 나를 올바른 길로 안내하지 못하는 사람을 만났다면 지금쯤 나는 어떤 삶을 살고 있을까? 생각해보면 참으로 섬뜩한 일이기 때문이다.

난 예전 회사를 그만두고 새로운 만남을 두려워하지 않았다. 그렇기에 나를 긍정과 도전의 길로 안내하는 멘토를 만날 수 있었다. 멘토는 나에게 항상 미래 지향과 긍정, 열정, 도전을 말씀하셨다. 무엇을 도전함에 있어 항상 현실만을 내세우고 틀에서 벗어나지 못하는 나를 끊임없이 일깨워주신 분이다.

고정관념을 버리고 과감하게 도전하는 데 용기를 주셨고 때로는 방향도 잡아주시곤 한다. 안주하지 않는 삶, 끊임없이 공부하는 삶을 가르쳐주시곤 한다. 그 멘토는 내가 보기에 성공하는 삶을 살았음에도 불구하고 끊임없는 자기 성찰과 도전을 아끼지 않는 분이다. 어떤 것이든 도전함에 있어 열정과 집중력과 인내가 있다. 기본에 가장 충실하고 최선을 다하여 그것을 해내는 것을 볼 때는 참으로 존경스럽다.

그 내면에는 또한 따뜻함과 배려가 있고 지혜와 지식은 기본으로 갖추고 계셨다. 훌륭한 멘토를 만난 만남의 축복에 감사한다.

이제는 2, 30대와는 다르게 성공적인 삶을 준비해야 하는 40대. 또 다른 배움을 시작해야하는 나이 40대. 더 이상의 실패와 시련은 잊어야 한다. 내가 하고자 하는 일의 최고의 진정한 전문가를 만나라. 그 길은 좀 더 빠르고 정확하게 내가 가고자 하는 목표 지점에 도달할 수 있게 해준다. 그 전문가를 만날 때 주저하지 말고 과감히 그 도전을 멈추지 말라. 멈추는 순간 돌아올 수 없는 추락의 길로 갈 수밖에 없다. 마흔은 제 2의 인생을 준비하는 가장 중요한 시기이며 가장 큰 변화를 맞이할 때이기 때문이다.

02

지금하지 않으면 언제 하겠는가?

성공과 실패의 차이는 실행하는 능력에 달려 있다.
– 알렉산더 그레이엄 벨(Alexander Graham Bell)

순간의 선택이 평생을 좌우한다

난 하루에도 수없이 이런 말을 듣는다.

"다음에요~ 다음에 할게요. 다음에 생각해볼게요."

"지금 아니면 언제 할 건데요?"

"글쎄요···."

새까만 피부, 뚱뚱한 몸매, 행복하지 않은 가정에서 태어난 '오프라 윈프리.' 그녀는 지독하게 가난한 어린 시절을 보냈지만 현재의 최고의 토

크쇼 여왕으로 성공했고 엄청난 부를 이뤘다. 그녀는 이렇게 말했다.

"아무것도 결정하거나 선택하지 않으면 그렇게 시간만 지나갑니다. 어떤 일도 일어나지 않습니다. 하루하루가 그렇게 지나갑니다. 왜냐하면 선택하지 않는 것 또한 선택이기 때문입니다. 무엇이 두렵고 불안해서 늘 뒤고 미루고 있는지 한번 진지하게 나 자신에게 물어보세요. 최종 결정권자는 항상 나임을 잊지 마세요!"

우리는 매일 매 순간 선택의 순간에 살고 있다. 아침에 일어나서 자는 순간까지 수천 가지의 선택에 의해서 움직인다. 아침을 먹을지 안 먹을지 이 옷을 입어야 할지 저 옷을 입어야 할지 아주 사소한 것부터 선택에 의해서 모든 삶이 진행된다. 그걸 선택했기 때문에 그 순간을 마무리하는 것이다. 일상적인 선택이야 습관처럼 가볍게 하고 지나가지만 우린 가끔 중요한 선택에서 고민하고 머뭇거리다 기회를 놓치고 마는 경우가 너무도 많다. 내가 경험하지 못한 것에 대한 두려움이 있고 새로 시작하는 것에 대한 불편함이 있기 때문이다. 하지만 순간의 선택이 평생을 좌우한다는 말처럼 그 기회가 왔을 때의 선택은 반드시 내 인생의 커다란 변화를 가져다준다는 것을 명심해야 한다.

내가 〈한책협〉을 만나기 전까지만 해도 내가 계획하는 작가의 꿈은 50

살 되는 해에 계획되어 있었다. 50살이 되면 인생을 어느 정도 살았다 생각하는 나이이고 나의 자서전 정도 쓸 수 있겠다 생각했기 때문이다. 나의 계획은 10년 단위로 되어 있기에 나의 계획대로라면 10년 후 나는 많은 것을 이뤄놓았을 것이라고 상상했기 때문이다. 그리고 두 번째 이유로는 책 쓰는 방법을 자세히 몰랐고 책을 내는 방법조차 자세히 몰랐기 때문에 계획을 멀리 잡았는지도 모른다. 그러던 중 책 쓰기 코칭 회사가 있는 걸 알게 됐다. 홈페이지 가입 후 〈한책협〉 수석 코치로부터 전화 한 통을 받게 된다. 책 쓰기에 관심을 보였기 때문이다. 며칠 후에 책 쓰기 일일 특강이 있으니 한번 오라는 내용이었다. 나는 홈페이지에 가입했을 당시만 해도 여전히 나의 책 쓰기 계획은 50세였다. 책 쓰기 코칭 회사가 있으니 꾸준히 정보를 받으면서 기회가 되면 찾아가보리라 생각했던 것이다. 그런데 맘을 먹었으니 한번 특강을 들어보라는 내용이었다.

"아~ 저는 아무것도 준비가 되어 있지 않아서요. 지금은 너무 빠른 거 같은데요. 저는 책 쓰는 아무런 능력이 없는데요."라고 말했다. 그런데 〈한책협〉 수석 코치인 '신상희' 코치님은 나에게 이런 말을 했다. "저도 주부로 있다가 호기심에 와서 지금 작가가 되었어요." 주부인데 작가가 되었다니. 제법 나를 설득할 만한 멘트였다.

"그래도 글 솜씨가 있었나 봐요?" "아닙니다. 전 책하고는 전혀 상관없는 일을 했는데도 지금은 작가가 되었어요." 그 순간 고민이 되었다. 가까운 전주도 아니고 전주에서 2시간 30분 떨어진 분당이니 고민이 된 건 사실이었다. 순간 선택의 기로에 있었다. 지금 거절하면 책 쓸 기회가 앞으로 50살이나 돼야 있을 텐데 여기에서는 지금 쓸 수 있는 방법을 알려준다고 하니 말이다. 난 선택이 좀 빠른 편이다. 내 삶의 주관처럼 가보고 싶은 길은 갔다 오는 것, 그 길이 아니면 다시 돌아오면 된다는 주관이 있기에 선뜻 가겠다고 결정했다. 순간의 선택이 나의 꿈을 빨리 이룰 수 있게 해준 것이다. 그 순간 거절했다면 난 이미 마음의 문을 닫고 있었기에 더 이상의 책 쓰는 꿈에 집중하지 않았을 것이다. 참으로 잘한 선택이었다.

"우리 회사에서 일할 수 있는 충분한 여건이 되시니 다음 주 월요일부터 출근하세요."
"네, 알겠습니다. 저도 이 회사에서 일해보겠습니다."

합격 통보를 받고 집으로 돌아가는 길이었다. 지금의 회사 면접을 보기 전 여러 곳의 면접을 본 상태였다. 그런데 신기하게도 합격 통보를 받은 날 두 군데 회사로부터 합격했으니 출근하라는 전화가 왔다. 이미 다른 곳에 취업하여 갈 수 없다고 그 자리에서 거절했다. 면접 본 지 2주가 지났는데 하필 오늘에 연락이 오는 것이 신기하기도 했다. 사실 지금의 회사에 면접 보기 전에는 예전에 했던 사무직 일을 찾고 있었기에 두 곳

모두 사무 일을 보는 회사였다. 난 이미 예전에 해보지 않은 일을 해보겠다고 마음먹은 상태였기 때문에 고민 없이 지금의 회사를 선택한 것이었다. 어찌 보면 언뜻 보기에는 예전 회사의 조건이 더 좋았기 때문에 고민할 수 있었던 부분이기도 했다. 하지만 난 지금의 회사를 선택한 것이 너무도 감사하다. 마치 하늘에서 도운 것처럼 말이다.

인생은 타이밍이다. 기회는 늘 우리를 기다려주지 않는다

"인생은 타이밍이다." 이런 말을 자주 듣곤 한다. 정말 중요한 순간에 인생이 바뀔 수도 있으니 말이다. 난 아들이 셋인 엄마이기에 아이들이 앞으로 무엇을 할지 고민되고 걱정되는 건 사실이다. 나의 예전의 모습은 아이들이 명문대를 가고 의사가 되고 약사가 되길 바랐지만 지금은 아이들이 원하는 꿈이 아닌 걸 알았고 또한 그것이 행복한 삶이 아니라는 걸 알기에 그들에게 꿈에 대한 자유를 주고 있다. 그래도 부모로서 자녀의 장점을 찾아주고 재능을 발견해주는 역할을 분명히 해야 함을 잊지 않기에 아이들 미래에 대한 고민을 하게 된다.

나의 셋째 아들 막둥이는 쌍둥이로 태어났는데도 3킬로그램으로 태어난 아이다. 보통 아이 한 명의 몸무게만큼 튼튼하고 우량아로 태어났다. 보통 아이들은 40주를 엄마 뱃속에서 지내다 세상 구경을 하지만 쌍둥이는 38주 만에 세상 구경을 했는데도 말이다. 태어날 때처럼 잘 먹고 건강해서인지 키도 크고 건강하다. 다리가 길고 몸이 너무 예쁘고 평소 옷 입는 감각과 패션에 유독 신경을 쓰는 아이다. "그럼 모델을 한번 해보면 어떨까!"라는 제안을 했다. 막둥이 아들 역시 엄마 생각에 동의했다. 그래서 가까운 모델학원을 알아보고 막둥이 아들과 상담을 하게 되었다.

역시 모델학원에서도 가능성을 보고 수업을 권장했다. 지금은 조금 빠른 편이어서 여유 있게 할 수 있다고 좋아했다. 그런데 그날 상담을 하는 날 대학생인지 고등학생인지 구별이 안가는 여학생이 얼굴에 잔뜩 고민을 안고 상담을 기다리고 있었다. 선생님도 안타까운지 난 묻지도 않았는데 사연을 얘기했다.

사연을 들어보니 여학생은 고등학교 1학년 때부터 모델의 꿈을 갖고 학원을 등록했다고 한다. 그런데 부모님의 반대로 학원을 끊어야만 했다고 한다. 물론 부모님 입장에서는 무슨 모델이냐 공부나 해야지 하는 뻔한 사유였다. 그런데 아이의 꿈은 한결같아서 꿈을 포기하지 못하고 고등학교 3학년이 되어서 다시 찾아온 것이다.

"지금부터라도 하면 되는데 무슨 문제가 있나요?"라고 묻자. 늦은 나이라고 했다. 상담을 해도 가능할지 모르겠다는 답변이었다. 사연을 들어보니 안타까웠다. 아이가 간절히 원하는 꿈이 있을 때 그 기회를 줬다면 그 꿈을 가지고 공부와 더불어 모델이라는 기회가 훨씬 쉽게 주어졌을 텐데 말이다. 지금이라도 선택해서 최선을 다하여 꿈을 이루었으면 하는 마음이 들었다. 선생님은 그때 부모님이 좋은 결정을 해주었다면 아이가 꿈을 이루는데 좀 더 빠르게 갈 수 있었을 텐데 하는 안타까움을 표현했다. 상황을 보고 순간순간의 선택에 얼마나 신중해야 하고 중요한지 다시 한 번 깨닫는 계기가 되었다.

지금 아니면 언제 하겠는가? '나중에! 다음에!'라는 것은 없다. 그 선택에 확고함이 있으면 지금 선택하고 결정해야 한다. '다음에! 나중에!'는 이미 하지 않겠다고 결정한 것이다. 내 삶에 중요한 선택의 기로에 있을 때 때로는 과감한 도전이 필요하다. 그랬을 때 내가 원하는 것, 필요한 것을 얻는 것이다.

03
인생을 걸어볼 버킷리스트를 써라

원대한 꿈을 꿔라. 꿈을 꾸면 꿈처럼 될 것이다.
비전은 언젠가 당신이 보게 될 미래의 모습이고
이상은 세상에 드러낼 업적의 예언이다.
– 제임스 레인 알렌(James Lane Allen)

꿈을 향한 버킷리스트를 작성하라

30대에 〈죽기 전에 꼭 해보고 싶은 것들〉이란 영화를 신기하게 본 기억이 난다. 두 명의 주인공은 가난하지만 한 평생 가정을 위해 헌신하며 살아온 정비사 카터와 자수성가한 백만장자 잭이다. 잭은 괴팍한 성격에 아무도 주변에 없는 사업가이다. 이 둘에게는 털끝만한 공통점도 없다. 이 두 사람의 유일한 공통점은 오로지 앞만 보고 달려온 인생과 그 끝이 얼마 남지 않았다는 것.

어느 날 우연히 버킷리스트를 작성하고 있던 '카터'에게 '잭'은 함께 모험을 떠나볼 것을 제안한다. 영화는 이들이 여행을 통해서 하나씩 버킷리스트 꿈을 이루는 과정을 보여준다.

그때 당시 난 내가 죽기 전에 해보고 싶은 것들을 생각해보지도 않았고 또 그 엄청난 걸! 이루기 위해서는 돈이 많아야 한다고 생각했다. 그래서 영화를 보는 내내 버킷리스트의 내용들이 실현 가능성이 없는 허무맹랑한 꿈이라 생각했고, 영화이기에 가능했던 일이 아닌가라는 생각을 하면서 봤던 기억이 난다.

그 영화가 개봉될 당시 회사에서도 개인적으로 버킷리스트를 작성하는 것이 유행했던 시절이 있었다. 난 그때 버킷리스트를 작성하면서 현실적으로 가능한 것만 골라서 작성했고 그 리스트를 신뢰하지 않았었다. 그만큼 간절하지도 않았다. 꿈이 없던 시절이며 미래의 비전을 기대하지 않았던 삶이라 더욱이 그러했을 것이다. 지금 무엇을 작성했는지 기억조차 나지 않는 걸 보면 말이다. 그렇기에 그 어떠한 것도 이루지 못했을 것이다.

매년 1월 1일 꿈 목록을 작성하는 일부터 나는 이제는 내 꿈을 하나씩 찾기 시작하고 더 큰 꿈을, 더 이루고 싶은 것들을 하나씩 만들어가고 있다. 이루면 또 하나의 꿈이 생기고 목표가 생긴다. 또한 그 꿈과 목표를 이루기 위해서 열심히 노력하고 있다. 꿈을 생각하지 않았을 때의 삶과는 전혀 다른 삶이다. 모든 생각이 그걸 이루기 위한 생각으로 채워져 있고 노력하기 때문이다. 긍정의 생각만으로 가득 채우려 노력하고 있고 할 수 있다는 믿음으로 살아가고 있다. 생각이 현실이 된다는 믿음을 가지고 있는 것이다.

- 내 이름으로 된 책 쓰기

- 지금하고 있는 부동산 관련 책 쓰기

- 사업가 되기

- 20층 이상 오피스텔 3채 주인 되기

- 베스트셀러 작가 되기

- 대한민국 땅 부자 되기

- 혼자 해외여행 가기

- 한 달 이상 아이들과 해외여행 가기2024년

- 강연하기

- 영화 작품 쓰기

- 드라마 작품 쓰기

난 50가지 버킷리스트를 적고 하나씩 이루어가고 있다. 막연한 꿈이 아니다. 분명히 이루게 될 것이란 확신을 갖고 작성한 것이다. 꿈은 걱정하는 사람들의 것이 아니라 희망을 안고 사는 사람들의 것이다 현재 드림자기계발 연구소장이면서 『미친 꿈에 도전하라』의 저자인 '권동희' 대표는 미래를 불안하게 여기는 사람들에게 다음 세 가지를 조언했다.

첫째, 꿈과 목표를 종이에 적어서 잘 보이는 곳에 붙여두거나 가방이나 지갑 속에 넣어가지고 다니면서 자주 들여다보라.

둘째, 자신의 롤 모델 사진을 잘 보이는 것에 붙여두고 자주 바라보면서 자신 역시 꿈을 이룬 모습을 생생하게 상상하라.

셋째, 간절하게 가지고 싶은 것_{집, 자동차 등}이 있다면 사진을 벽에 붙여두고 시각화하라.

성공한 사람들의 발자취를 들여다보면 그들에게는 공통점이 있다. 항상 이루고자 하는 꿈을 잊지 않기 위해서 노력했다는 것이다. 꿈을 종이에 쓰거나 사진을 찍어 구체화했다는 것이고 무조건 이룰 수 있다는 확신이 있었던 것이다. 긍정의 마음은 기본이고 어떤 시련이 와도 어떤 어려움이 와도 그건 하나의 과정이라고 그걸 기쁘게 받아들였다는 것이다.

작가의 꿈을 가지고 있는 나에게 '해리포터' 시리즈의 작가 조앤 롤링의 성공 일화는 감동을 준다. 28세의 젊은 나이에 이혼녀가 되어 딸과 단둘이 남게 되었다. 당시 실업자였고 아기를 키우는 상황에서 정부의 도움 없이는 버틸 수 없는 생활을 했다. 그런 가운데서도 삶을 포기하지 않고 일자리를 얻기 위해 노력했던 삶. 꿈을 포기하지 않고 글을 썼기에 전 세계인에게 즐거움을 주는 작품이 나온 것이다. 그뿐 아니라 그녀 또한 엄청난 부와 명예를 얻었다.

조앤 롤링이 이렇게 성공할 수밖에 없었던 이유는 자신이 가장 좋아하는 책 쓰기에 전부를 걸었고 결코 포기하지 않는 꿈이 있었던 것이다.

성공은 간절한 꿈을 꿀 때 가능하다. 나의 삶이 그 꿈을 향해서 가고 있고 모든 생각이 내 꿈을 향해 주파수를 쏘기 때문이다. 꿈이 있는 삶이야말로 진정한 성공이며 행복한 삶인 것이다.

나는 지인들에게 꿈 목록을 작성해 볼 것을 권유한다. 바쁜 현실 속에서 살아가다 보면 꿈은 마치 내 것이 아닌 양 다른 사람의 것이라고 생각하기 때문에 귀찮은 일이라고 못 박아 버린다. 그 꿈은 그들의 것이기 때문에 가능하고 그들의 조건이 가능하기에 이룰 수 있다고 한다. 하지만 성공한 사람들의 상황을 보면, 어찌 보면 평범한 나보다 우리보다 악조건 속에서 성공을 이루었다. 그 사람이 꿈을 이룰 만한 천재성을 가지고 있었던 것도 아니다. 오직 꿈을 이루고 말겠다는 강력한 희망이 있었기 때문에 가능했던 것이다.

지금 버킷리스트를 작성해 보라! 쓰는 순간 이미 나의 생각은 그곳에 집중되어 있고 그것을 향해서 올인한다.

〈한책협〉의 김태광 대표는 〈한책협〉 출신 작가들의 꿈을 한층 쉽고 빠르게 달성할 수 있도록 버킷리스트 책을 출간한다. 그들의 꿈을 세상에 선포함으로써 더욱 강력한 힘을 발휘한다고 말한다. 종이에 쓰는 기적을 넘어 책이라는 매체를 통해 강력한 힘을 발휘한다고 믿기 때문이다. 혼자만이 아닌 온 세상에 그들의 꿈을 선포시킨 것이다.

그는 이렇게 말했다.

"기적을 만드는 힘, 버킷리스트!

당신이 원하는 것이 있다면 꿈의 목록을 가져라!

꿈을 이루는 것이 '기적'과도 같은 일이라고 막연하게 생각한다면 나만의 '버킷리스트'를 작성하라. 버킷리스트를 적는 순간 꿈이 현실로 이루어진다. 되고 싶고, 하고 싶고, 갖고 싶은 것이 있다면 주저하지 말고 도전하라. 항상 자신을 칭찬하라. 당신 안에 잠재되어 있는 다양한 능력들이 지금부터 당신의 인생을 더욱 뜨겁게 바꿔 놓을 것이다."

04

새는 날아가면서 뒤돌아보지 않는다

도전을 받아들여라.
승리의 쾌감을 맛볼지도 모르니.
– 조지S. 패튼(George S. Patton)

지난날의 아픔과 후회는 과감히 잊어라

"오늘의 지금은 내가 예전의 생각했던 오늘이다!"

이런 문구를 어떤 책에서 본 적이 있다. 내가 오늘을 이렇게 사는 것은 내가 의식했든 의식하지 못했든 이런 삶을 꿈꾸고 그려왔기 때문이다. 그렇다면 이 문장에는 엄청난 비밀이 숨겨져 있다. 하루하루 내가 어떤 생각을 하고 어떤 미래를 꿈꾸는지에 따라 내 미래 또한 달라지기 때문이다.

난 퇴직 후 골프를 배우기 시작했다. 아침 일찍 출근해서 사무실 안에서 하루 종일 컴퓨터와 종이와 씨름하고 가끔씩은 민원인들과 또 가끔씩은 영업사원들과 씨름하는 일과를 보냈다. 그런 나에게 골프는 참으로 신세계였다. 좋아하는 사람들과 넓고 넓은 초록 잔디를 밟아가며 시원스럽게 날린 공이 원하는 자리에 떨어질 때의 느낌은 이루 표현할 수가 없다. 가끔씩 마시는 시원한 캔 맥주는 그렇게나 달콤했다. 가끔씩 날려주는 굿샷은 나를 행복의 공간으로 인도했다. 언니들의 성화로 드디어 첫 필드를 나가는 일이 생겼다. TV에서 골프선수들이 멋진 골프장에서 경기하는 것을 가끔씩 시청하기만 했던 나에게 필드는 기대 이상이었다. 나가서 공을 잘 쳐야겠다는 생각보다 아름다운 자연을 벗 삼아 즐기는 것에 만족했다.

역시 처음 나가는 필드는 나에게 기대 이상이었다. 어쩌다가 맞은 공도 굿샷이라고 소리쳐주는 언니들이 있어 참으로 행복한 시간을 보냈다. 첫 필드 경험을 하고 나름대로의 욕심이 생겼다. 언니들처럼 원하는 거리만큼 공을 날려보고 싶었고 원하는 위치에 공을 떨어뜨리고 싶었다. 그 후 나는 시간이 날 때마다 연습장에 가서 멋지게 굿샷을 날리는 상상을 하면서 열심히 연습했다. 다시 한 번 언니들과 필드를 나가는 기회가 왔다. 예전하고 많이 달라진 모습을 보여주고 싶었다. 순서를 정해서 첫 드라이브샷을 날리는 차례가 왔다.

어쩜 처음 나올 때보다도 더 떨리는 순간이었다. 엄청 잘 쳐서 언니들을 놀래킬 마음에 잔뜩 눈과 온몸에 힘이 들어가 있었다. 근데 이상하다. 연습장에 있을 때는 잘 맞았던 공이 왜! 왜! 여기서! 오늘 하필 실수를 할까? 그만 헛스윙을 하고 말았다. 그 순간 멀리 저 멀리 날아가고 있을 공을 상상할 시간도 없이 바로 내 눈앞에 공이 떨어진 것이다. 창피, 이런 창피가 없다. '그래도 첫 샷인데 실수는 안 했어야지!' 하는 후회가 머리에서 떠나질 않았다. 언니들은 당연히 예상한 듯 아무렇지도 않게 "괜찮아! 나도 그때는 그랬어!"라고 위로하지만 난 그 위로가 전혀 들리지 않았다.

그 첫 샷의 실수는 계속해서 창피와 자신감 하락으로 이어졌다. 처음 필드에 나올 때보다 공이 맞질 않았다. '열심히 연습했는데 왜 그러지, 자꾸.' 후회와 창피만이 머리를 맴돌고 있으니 다음 공도 잘 맞을 리가 없었다. 언니들이 친 공은 멋지게도 하늘을 하염없이 날아가서 저 멀리 떨어지는데 나의 공은 돌이 들었나, 쇠가 들었나. 바로 앞에 떨어지고 도랑으로 빠지곤 했다. 그날의 공은 나에게 두렵고 귀찮은 존재가 되어 있었다. 언니들은 예상한 듯 "괜찮아! 괜찮아!" 위로하느라 바빴다. 전반전이 종료되고 잠깐의 휴식을 취하면서 담화를 나누는 시간이 되었다. 언니들은 처음 자신들이 할 때보다 잘했다고 말해주었고 편하게 힘을 빼면서 쳐보라고 격려해주었다.

'그래! 어차피 안 되는 거 힘 빼고 즐기자. 내가 운동선수 나갈 것도 아닌데 즐기려고 한 운동인데 왜 이렇게 스트레스를 받을까.' 생각했다. 전반전에 했던 것은 잊고 편하게 치자. 나 스스로 격려하고 후반을 즐기는 걸로 마음먹었다. 골프라는 운동은 나에게 만큼은 참 어렵고도 이해가 안 가는 운동이었다. 후반전을 하는데 정말 욕심을 버리고 즐기려 하니까, 또 힘을 빼니까 이상하게 공이 잘 맞는 것이었다. 내 의도와 상관없이 저 멀리 가끔은 언니들보다도 더 멀리 더 좋은 곳에 떨어질 때도 있었다. 굿샷을 외쳐대는 언니들의 함성은 참으로 피아노 선율보다도 아름다운 음악이었다. 오전에 보이지 않던 저 넓고 넓은 파란 잔디도 눈에 보이고 여기저기 피어있는 들꽃은 더욱 귀엽고 앙증맞았다. 그날의 운동도 참으로 행복하고 즐거운 시간이었다. 어찌 보면 골프 초보인 나를 보면서 '나의 미숙했던 2, 30대 시절의 삶의 모습은 아니었나?' 생각해보았다. 골프 스윙의 주제와 구조를 이해하지 못하고 목표의식 없이 도취되어 있었던 하루였다. 하지만 오늘 골프를 통해서 "나도 할 수 있다."라는 확신과 자신감을 갖는 의미 있는 하루였다.

어둡고 힘들었던 과거는 과감히 잊어야 한다. 그 과거를 놓지 않으면 새로운 미래를 받아들일 수 없다. 내 마음에 새로움으로 채울 공간을 만들어줘야 한다. 그 어두웠던 과거를 버리지 못하면 새로움으로 채울 수 있는 공간이 없을 것은 분명하다. 어둡고 부끄러운 과거를 잊고 성공한 사람들은 너무도 많다.

그중에서 '신지애' 골프선수의 일화를 직장 다닐 때 본 기억이 난다.

초등학교 5학년 무렵, 골프라는 꿈과 재능을 발견했으나 가난한 집안 형편 때문에 남들처럼 제대로 된 훈련은 꿈도 꿀 수 없었다. 하지만 신지애 선수는 자신의 처지를 비관하거나 원망하지 않고 아버지의 혹독한 훈련을 묵묵히 견뎌냈다. 하루 천 번의 스윙을 소화하고 실내 연습장 벽면에 붙어 있는 골프장 사진을 보면서 신지애 선수는 늘 생각했다고 한다.

'저 골프장에서 한 번만이라도 공을 쳐 보면 얼마나 좋을까?'

그녀의 나이 열여섯 살 때 자신의 경기를 보러오던 어머니와 동생들이 교통사고가 났다. 어머니는 돌아가셨고 동생들은 중환자실에 입원을 하게 되었다. 어머니가 돌아가시고 마지막 유산처럼 생명 보험금이 나왔다. 빚을 다 갚고 남은 천칠백만 원. 아버지는 그 돈이 들어 있는 통장을 내밀며 말씀하셨다.

"자! 엄마 목숨과 맞바꾼 돈이다. 앞으론 한 타 한 타를 칠 때마다 이 모든 것을 걸고 쳐야 해."

그 말에 신지애 선수는 마치 뒤통수를 얻어맞은 듯 멍해졌다고 심정을 표현했다.

엄마의 목숨과 맞바꾼 돈, 그 돈으로 내가 골프를 하다니…….

신지애 선수는 열여섯 살이라는 어린 나이에 어머니를 여의고 두 동생을 책임져야 하는 가장이 된 것이었다. 가족을 살릴 길은 골프밖에 없다고 생각했기에 죽을 만큼 연습했다. 그 후 2년 만에 국가대표가 되었고, 국내 대회에서 연승을 하게 된다. 그리고 드디어 세계 최고 선수들이 경쟁하는 LPGA 대회에서 우승을 하게 된다. 어머니를 잃은 슬픔과 힘든 여건을 비관만 했다면 성공한 지금의 신지애는 없었을 것이다.

우리가 사는 현재는 미래다

어두운 과거를 과감히 잊고 큰 성공을 이룬 인물 중 CNN 창립자 '테드 티너'는 이런 말을 했다.

"어두운 과거는 뒤돌아보지 않는다. 나는 미래다."

그는 아버지의 자살을 경험했기에 어린 시절 매우 혼란스럽고 불안정한 시간을 보냈다. 방황하고 모든 삶은 비참했다. 대학교도 중퇴하는 그야말로 실패로 연속된 삶이었다. 하지만 그가 이 어두운 과거를 버리고 미래를 과감하게 받아들일 수 있었기에 오늘날 미디어 제왕이라는 타이틀을 얻고 성공한 사람이 되었을 것이다.

난 회사를 그만두고 주변사람들에게 이런 질문을 가장 많이 받았다. "그 아까운 회사를 왜 그만뒀어?" 도리어 묻고 싶다. "도대체 무엇이 아까운 것인지? 매월 주는 월급이 아까운 것인지? 대기업이란 타이틀이 아까운 것인지?"

난 대기업을 그만두고 난 후에 한 번도 회사를 그만둔 것을 후회해본 적이 없었다.

내가 해보지 않은 일에 과감하게 도전을 했고 그 일을 즐기고 있다. 만일 미국 이민 취소 후 내가 회사를 그만둔 것을 후회하고 예전의 안정된 모습을 계속 갈망했다면 난 아직도 그 과거라는 얽매인 삶에서 벗어나지 못했을 것이다.

그곳에서 벗어났을 때 오히려 나의 진짜 모습을 찾을 수 있었다. 내가 좋아하는 일을 할 수 있었다. 나의 꿈에 도전하는 계기가 되었다. 나는 지금 가장 행복하다. 새로운 꿈과 목표를 향해 나아가고 있기 때문이다. 오히려 그만두지 않았다면 난 지금도 비전 없이 행복하지 않은 삶을 살고 있을 것이다. 내가 지금 꿈을 꾸고 살 수 있는 건 지난 과거를 그리워하지 않고 과감히 새로움에 도전했기 때문이다.

"나무에 앉은 새는 가지가 부러질까 두려워하지 않는다. 새는 나무가 아니라 자신의 날개를 믿기 때문이다."

– 류시화, 『새는 날아가면서 뒤돌아보지 않는다』 중에서

05

다시 한 번 공부에 미쳐라

인생의 궁극적 목표는 이기는 것이 아니라
당신의 능력을 끌어올릴 수 있는 범위 내에서
가능한 최고로 자리매김하는 것이다.
- 토머스 J. 빌로드(Thomas J.Vilord)

진짜 공부가 재밌는 이유

어느 날부터인가 나는 노트북 가방을 메고 도서관이나 커피숍에 가는
일이 일상이 되었다. 업무가 끝나면 집으로 곧장 들어가 저녁밥을 하고
또는 술 약속을 잡았던 예전과는 많이 다른 모습이다. 토요일, 일요일에
는 시간이 되면 노트북을 할 수 있는 곳 어디든 공부할 수 있는 자리가
된다. 내가 알고 싶고 배우고 싶은 것들이 너무도 많기 때문이다. 또한
내가 알아야 그들에게 확신을 주고 믿음을 줄 수 있기 때문이다.

자격증을 따기 위한 형식적인 공부가 아니라 실질적으로 업무에 도움

이 될 수 있는 여러 가지 공부를 인강을 통해서 듣고 책을 봐야 하기 때문이다. 누군가 시켜서 억지로 하는 공부가 아니기에 난 공부가 너무나 재미있다. 공부한 내용으로 고객들과 상담하고 장점과 단점을 알려주면 고객들이 쉽게 이해하기 때문이다. 많은 경험과 사례들을 통한 실질적인 상담은 고객을 만족시키기 이전에 나를 만족시키는 공부가 된다.

중학교 시절 시험 기간이 되면 친구와 도서관에 가서 줄을 서서 기다린 적이 있었다. 새벽6시에 도서관에 가면 벌써부터 자리를 확보하기 위한 목적으로 더 일찍 와서 대기하고 있는 학생들도 많았다. 보통 중간고사, 기말고사 기간이 비슷하기 때문에 이때쯤 되면 도서관은 자리가 없을 정도로 밀리기 때문이다. 시험 기간 때는 놀아도 도서관에서 놀아야 마음이 편했다. 친구랑 도서관에서 먹는 점심이며 컵라면이 참으로 맛있었던 시절이 생각난다. 도서관에 와서 공부하는 시간보다 어쩌면 그 컵라면이 어린 나에게 자그마한 행복을 준 것 같다. 책상에 자리를 맡아놓고 일정량의 공부를 마친 뒤 밖에서 친구에게 고민거리를 털어놨던 시절. 도서관은 공부하기 위한 장소보다 친구와 진지하게 고민을 주고받았던 나름의 아지트였던 것이다.

지금 생각해보면 우리로 인해서 자리를 확보하지 못하고 돌아간 언니, 오빠들에게 미안한 마음도 든다. 그 당시 난 무엇을 얻기 위해서 새벽에 가서 도서관 자리를 맡고 그곳에서 시간을 보냈을까 하는 생각이 든다. 공부라는 목적보다 도서관에 있어야 부모님 마음이라도 편할 것이라는 점을 미리 계산했던 것 같다. 지금 마흔이 돼서 공부하는 나는 그때와는 다른 목적의, 다른 공부를 하고 있기에 열정과 재미가 있다. 도서관에 도착하면 난 시간이 빨리 갈까 두려워 정신없이 고개를 숙이고 공부에 몰두한다. 지금의 시간은 나에게 금 같은 시간이기 때문이다. 주어진 시간 안에 공부를 마무리해야 하는 주부이기에 짧은 시간 안에 많은 걸 습득하고 싶은 마음에서이다. 가끔 고개를 돌려보면 도서관 야외에서 친구들끼리 재밌게 수다 떠는 학생들을 보면 가끔씩 어릴 적 생각이 나곤 한다. 그들의 마음을 알기에 웃음이 나기도 하고 잠깐의 행복함을 느낀다. 지금 나는 나 자신을 위한 진짜 공부를 하는 열정이 있기에….

나의 첫 조카는 간호대학을 입학했다. 물론 처음부터 간호사가 되는 것이 꿈은 아니었지만 취업 현실을 고려해볼 때 간호사라는 직업은 취업하기에 좋은 직업임이 확실했기 때문이다. 조카는 대학교를 다니면서 고등학교를 졸업하고 대학생이 된 학생들 외에도 늦은 나이에 간호사가 되기 위해서 공부하는 분이 있다고 했다. 간호사 공부는 전문적인 분야라 공부하는 것이 쉬운 일은 아닌 걸로 알고 있다. 하지만 늦은 공부에 열정을 쏟기 때문에 성적이 우수하다고 한다. 그들의 마음을 나는 누구보다잘 안다. 억지로 하는 공부가 아닌 정말로 내가 필요한 공부를 하고 있는 것이다. 그 분이야말로 진짜 공부에 미쳐 있는 것이다. 그러니 원하는 결과가 나올 수밖에 없다.

또 다른 꿈 강연가를 꿈꾸다

우연하게 TV를 시청하다 검정색 바지에 하얀 티셔츠를 입고 단정한 커트머리에 강연하는 여성 강연가를 보게 됐다. 유명한 사람은 아닌 듯한데 당당하게 자신의 분야에 대해 강연하고 있었다. 자세히 들어보니 해외 투자로 많은 수익을 본 여성 사업가였다. 나이는 30대 후반쯤 보이는 여성이었는데 그 여성을 보면서 나 자신이 왜 그리도 작아보였는지 모른다. 난 항상 그랬다. 누군가 앞에서 말을 멋지게 하거나 당당한 사람을 볼 때 나 자신이 작아지는 것을 느끼곤 했었다. 내가 가지고 있지 못한 것을 그 사람들은 갖고 있다는 부러움이 컸고 그걸로 인해 내 자존감은 바닥으로 떨어지는 순간이 왔다.

하루는 휴가를 내서 회사 입사동기들과 가을 구절초 구경을 갔다. 전주에서 40분쯤 떨어진 야외로 꽃구경을 하러 가는 나와 친구들의 마음은 행복함에 젖어들었다. 업무를 떠나서 친구들과 간만에 하는 꽃구경은 우리들의 마음도 열리는 계기가 되었다. 갑자기 친구들과 이런 대화를 하게 되었다. 다시 태어난다면 어떤 사람으로 태어나고 싶은지 질문을 하게 되었다. 한 친구는 정말 모델처럼 예쁘고 키가 큰 여성으로 태어나고 싶다고 말했다. 나에게도 물었다. 난 똑똑하고 말도 잘해서 앞에서 멋지게 얘기할 수 있는 그런 똑똑한 여성으로 태어나고 싶다고 했다. 친구들은 나의 그런 소심함을 모르기 때문에 지금도 충분히 그렇다고 얘기해주었지만 난 항상 그런 사람을 부러워하곤 했다.

나이 마흔, 이제는 배움이, 도전이 두렵지 않은 나이다. 누구에 의해서 평가받지 않아도 되는 공부이고, 오로지 원하고 내가 필요하기 때문에 하는 공부이기 때문이다. 가끔 강연가들을 보면서 참 멋지다고 느껴진 건 그들의 당당함을 보았기 때문이다. 그들의 자신감을 보았기 때문이다. 또한 대중들에게 감동을 주고 누구나의 삶에 영향을 주기 때문이다. 나도 가끔씩 커다란 강당에 서서 멋지게 강연하는 것을 생각해본 적이 있다. 비교적 성격이 소심했던 나는 초등학교 때 선생님이 이름만 불러도 얼굴이 빨개지는 아이였다. 마음은 원치 않는데 나도 모르게 얼굴이 빨개지는 상황이 너무도 싫었다. 그래서 항상 자신 있게 발표하는 아이들이 부럽기도 했다. 그것을 극복하는 것은 쉽지 않았다.

왜냐하면 내가 강연가로서의 꿈을 꾸지 않았기 때문에 그런 상황을 받아들이려고 노력하지 않고 피했기 때문이다. 하지만 이제는 그 두려움을 극복하고 싶다는 생각을 하게 되었다. 그래서 내가 선택한 건 스피치 강연을 배우는 것이었다. 두려움보다 기대가 앞서는 것이 신기하다. 이것이 진정한 공부인 것 같다.

세계 최고 리더십 전문가 '로빈 샤르마'는 그의 저서 『변화의 시작 5AM 클럽』에서 이렇게 말했다.

"모든 변화가 처음에는 힘들고 중간에는 혼란스러우며 마지막에는 아름답다."

맞다. 변화는 두렵고 힘들기에 누구나 쉽게 도전하지 못한다. 하지만 그 두려움을 극복할 때 진정으로 변화의 참된 맛을 보게 될 것이다. 진정으로 아름답게 성장한 나를 발견할 것이다. 언제까지 창고에 먹이가 가득 할 것이라는 기대는 버려라. 새롭게 이 시대를 살아가는 최고의 방법은 나를 위한 공부이다.

다시 한 번 공부에 미친다는 건 열정이 살아 있고 꿈이 있다는 증거이다.
두려움이 없는 나이 마흔이기 때문에 가능하다

06
지금 당장 나 자신을 들여다봐라

어느 순간에 사랑이 시작되었는지 아는 것은 어렵다.
하지만 사랑이 이미 시작되었음을 아는 것은 그리 어렵지 않다.
- 헨리 워즈워스 롱펠로(Henry Wadsworth Longfellow)

삶에서 가장 중요한 건 내 행복이다

"기쁨과 다정함이 담긴 하루를 보내세요."

"사람이 붐비는 곳에서 살짝 부딪혔을 때, 웃으며 넘긴다면 서로 불쾌한 일은 일어나지 않을 테니까요. 순간의 감정을 참지 못하면 격한 분노를 느끼게 되고 오히려 내 기분이 나빠지기도 하지요. 내 기분을 위해서라도 한번 웃어보세요."

"절망은 내 뜻과 상관없이 어디에든 이미 존재하고 있어요. 눈치채지 못한 사이 깊이 스며들고, 고삐를 잡지 않으면 걷잡을 수 없이 커진답니다. 그러니 절망에 빠지지 않으려면 끝없이 희망에 대해 이야기하고 의지를 다잡아야 해요."

"복은 가까이 있지만 먼저 다가오지 않아요."

"안락한 의자에 앉아 커다란 창을 통해 보는 계절의 풍경은 그날그날 달라서 앨범을 한 장 한 장 넘기는 듯한 기분이 들어요. 이보다 더 멋진 장면이 있을까요? 우리의 일상도 그렇답니다."

"유쾌함은 가장 근사한 선물이에요."

―『미키마우스, 나 자신을 사랑해줘― 당신의 행복을 응원하는 미키 마우스의 말』

중에서

가까운 지인으로부터 점심을 같이 먹자는 전화가 왔다. 최근 새로운 일을 시작했는데 여러 가지 관계 때문에 힘들다는 얘기를 했던 지인이기에 흔쾌히 알겠다고 하고 점심을 먹었다. 엘리베이터를 타고 내려가면서 난 두 가지 마음이 들었다. 얼마 전 같이 만났을 때 새로 시작한 일로 인한 혼란 등으로 고민하고 힘들어했는데 잘 해결되었나? 아니면 사무실을 옮기게 되었나? 걱정과 함께 잘 해결되기를 바라는 마음을 안고서 말이다.

1층에서 반갑게 인사하고 식사를 하면서 이런저런 이야기를 나누게 되었다. 지인에게는 일하는 가운데 너무나 많은 문제가 있었다. 들어보니 예전보다 상황이 더욱 악화되어 있었다. 답답한 마음과 힘든 마음을 나한테 풀고 싶었던 것이다. 그렇게라도 하지 않으면 너무도 힘들었을 것이다.

난 물었다. 지금의 하는 일이 힘든 만큼 부가가치가 있는 일인지? 내가 정말 좋아하고 하고 싶은 일인지? 적성에 맞는지?

지인의 대답은 아무것도 해당되지 않는다고 했다. 내가 하고 싶은 일이라면 부가가치가 적어도 좋아하는 일이니까 행복하게 할 수 있다. 내가 하고 싶지 않아도 부가가치가 높다면 조금이라도 참으면서 할 수도 있다. 하지만 좋아하는 일도 부가가치도 높은 일도 아니기에 지인은 많이 고민이 되었던 것이다. 그 해답을 찾고 싶어서 끝없이 고민하고 걱정했을 것이다. 지금의 내 상황을 진단하고 고민하는 것은 새로운 미래를 준비하는 좋은 모습이다. 좋은 결과가 있기를 바라는 마음을 안고 헤어졌다.

우린 가끔 살면서 너무도 중요한 것을 놓치고 살고 있다. 왜 일해야 하는지? 왜 돈을 벌어야 하는지? 그 진짜 중요한 가치를 잊고 살고 있다. 모든 삶의 살아가는 목적은 나의 행복이 전제되어야 한다. 일하는 이유도 돈을 버는 이유도 성공하는 이유도 말이다. 내가 선택한 길이 때론 잘못 선택한 길일 수도 있다. 그걸 깨닫는 순간 방향을 돌려야 한다. 처음 선택한 건 잘못이 아니다. 선택한 길이 원하지 않는 일이란 것을 알았을 때 멈추지 않는 것이 잘못된 일이라는 것을 알아야한다.

"꿈이라는 확고한 뿌리가 없던 시절의 나는 현실의 무게를 이기지 못하고 수없이 뒤쳐나갔다. 그러나 꿈을 써내려간 후 세계 곳곳에서 온몸으로 부딪치고 맨땅에 헤딩하며 꿈을 이뤘고, 이상과 현실이 조화를 이룰 수 있을 때 지구별이란 정말 살아볼 만한 멋진 곳임을 깨달았다."

— 김수영, 『멈추지 마, 다시 꿈부터 써봐』 프롤로그 중에서

진짜 프로는 똑같은 실수를 하지 않는다

"엄마! 친구들이 그러는데 엄마 예쁘대요!"

"그래! 녀석들 보는 눈은 있구나! 하하하."

난 아들을 셋이나 둔 엄마이지만 아이들 학교 행사에 열심히 참여하는 엄마는 아니다. 항상 학교 행사가 있는 날이면 회사 일정이 왜 그리도 바쁜지 아이들 행사보다 회사 일정이 우선이었다. 그래서 어느 날부터인가 아이들은 부모님 참석 여부를 나에게 묻지도 않고 참석 불가로 체크하고 낸 적도 많았다. 학교 행사가 있는 것을 친구 부모님으로부터 들은 적도 많았다. 하지만 아이들은 그런 사유로 나에게 단 한 번도 서운한 기색을 내보이지 않았다. 그래서인지 오히려 한두 번 참석할 상황이 생겨도 참석을 반기지 않는 눈치였다.

예전의 직장을 그만두고 지금 하는 일은 비교적 자유로운 부분이 있어서 중요한 아이들 행사는 참여하려고 노력했는데 그렇게 하질 못했다.

큰아들이 중학교 입학할 무렵 직장을 그만두었는데 벌써 큰아들이 졸업할 때가 되었다. 학교에서 발표회가 있다고 하는데 큰아들이 전교회장을 맡고 있기에 아이들 학교 행사에 오랜만에 참여했다. 아니 처음이라도 해도 과언이 아니다. 참으로 내가 생각해도 아이들에게 미안할 정도다. 자주 참석하지 않은 엄마여서 그런지 학교 강당에서 마주친 우리 아이들이 엄마를 보고 너무 어색해했다. 마치 부끄러운 여자 친구를 대하듯 친구들과 함께 나에게 어색한 인사를 하고 얼른 교실로 가는 것이었다. 그만큼 학교 행사를 소홀히 했던 것이다.

행사를 마치고 담임선생님과 상담을 했는데 다행히 아이들이 학교 생활을 잘 하고 있다고 해서 안심하고 돌아오는 길에 잠시 생각에 잠기게 되었다.

나는 일을 하면 굉장히 일에 집중하는 편이다. 앞만 보고 뛰는 편이다. 특히나 지금은 내가 좋아하는 일을 하고 있고 사명감을 가지고 일을 하고 있으니 오죽 앞만 보고 달렸을까 하는 생각이 들었다. 2, 30대에 하지 못한 것을 보상이라도 받듯이 내가 하고 싶은 일에 죽을 듯이 뛰었나 싶은 생각도 들었다. 대기업에 다니면서 아이들에게 소홀했던 부분을 지금은 조금이라도 채워줄 수 있었을 텐데 똑같은 실수를 하고 있다는 생각이 들었다. 미숙한 부분이 또 미숙함으로 나타나지 않았나 싶은 생각이 들었다.

순간 번뜩 생각이 들었다. 내가 두 번의 실수를 할 수 있겠구나. 똑같은 실수를 또 할 뻔했구나 하는 생각이 들었다. 내가 열심히 살아가는 이유, 꿈을 이루어가는 이유는 내가 행복함과 동시에 가족이 함께 행복한 데 있다. 또한 내 주변에 많은 사람들에게 좋은 영향을 주어야 한다. 이기적이고 온전한 나만을 위한 삶이 아닌 그 꿈이 다른 사람에게도 소중하고 가치가 있어야 하는 것이다. 그랬을 때 나의 소중한 꿈이 빛을 더 발할 것이다. 그 후 난 아이들과 소통하기 위해 틈나는 대로 대화를 시도하기로 했다. 그러고 보니 아이들에게 필요한 부분들이 없나 체크하는 과정 중에 아이들이 사고 싶은 옷이 있었던 것이다. 시간을 각자 내서 막둥이 아들과 쇼핑하는 날이었다. 원하는 옷을 사고 환한 미소를 지으며 막둥이 아들이 한마디 했다. "엄마 감사합니다. 제가 꼭 커서 나중에 효도할게요."라고 하는 것이다. 그리고 붙이는 한마디 "엄마! 엄마 저번에 학교 왔었잖아요." "그랬지!" "친구들이 엄마 예쁘데요." "하하하, 녀석들 보는 눈은 있구나." 우리는 농담을 하면서 한바탕 웃었다.

그리고 엄마가 지금 어떤 일로 열심히 사는지 왜 일이 즐거운지 이유 등을 설명해줬다. 그랬더니 아들 역시 공감했다. 아들도 마음을 오픈하여 털어놓았다. 다행히 엄마에 대한 불만은 없는 듯해서 한편으로 안심이 되었다. 아들의 고민은 마음은 항상 열심히 공부하고 싶고 해야 하는 걸 알고 있는데 마음처럼 잘 되지 않는다는 것이었다. 이런 마음을 갖고 있는 아들의 마음이 예쁘고 사랑스러웠다. 그래서 급하게 마음먹지 말고 즐겁게 천천히 하나씩 만들어 가자고 했다. 좋은 시간을 가졌다. 자주는 아니어도 가끔은 아이들과 이런 시간을 가져야겠다는 마음을 먹게 되는 계기가 되었다.

우리는 살면서 사실상 가장 큰 것을 놓치고 사는 경우가 많다. 우리가 가장 열심히 살아가야 하는 이유, 성공해야 하는 본질적인 것을 때로는 보지 못하고 앞만 보고 가기 때문이다. 그래서 어느 날 앞만 보고 달려온 나에게 나만의 성공이란 키는 있을지 몰라도 그건 진정한 성공이 아니었던 것이다. 때로는 건강을 잃었고 때로는 사랑하는 가족을 잃었으며 때로는 나 자신조차도 잃어버리는 껍데기 성공을 하고 있었던 것이다.

내가 이 순간 행복하지 않다면 지금의 나를 돌아보고 멈춤이 필요하면 멈춰야 하고 방향을 돌려야 한다면 과감한 변화가 필요하다.

이제 나를 위한 공부를 해라

꿈은 마법을 통해서 실현되지 않는다.
꿈을 실현시키기 위해서는 땀과 결의, 노력이 요구된다.
― 콜린 루서 파월(Colin Luther Powell)

내게 필요하지 않는 공부는 또 하나의 과제일 뿐이다

"일을 시작하지 않는다면 미칠 것 같아요."

나만의 영역이 절실했던 '엄마 송수진'의 심정은 딱 이랬다. 그래서 한국사능력시험을 준비했고, 대학원에도 진학했고, 여행 에세이를 쓰며 혼자만의 프로젝트를 시작했다. 이른바 나를 발견하는 '자아 찾기 프로젝트'라고 하면 적당할 듯하다. 이 프로젝트의 완성을 위해서는 공부가 필요했다.

엄마의 공부를 환영하는 사람은 얼마나 될까. 공부할 시간에 살림과 육아에 더 신경 쓰라는 시선이 대부분이다. 그래서 공부하는 엄마는 외롭다. 때로는 '내가 무슨 부귀영화를 누리겠다고' 이런 자괴감도 솟구친다. 이런 고난에 흔들리기도 하지만 그래도 나만의 공부를 놓지 않으면 삶의 질이 달라진다. 내면을 채우는 공부는 엄마의 인생을 바꾼다.

— 송수진, 『공부하는 엄마에게』 중에서

회사를 그만두고 새로운 일을 시작하려고 할 때 가장 힘들고 후회했던 것이 내가 할 수 있는 내가 인정받을 만한 경력이 없는 것이었다. 대기업이란 직장을 다닐 때는 그렇게 당당하게 어깨 펴고 다녔는데 사표를 씀과 동시에 난 경력 단절 여성이 되었으며 아무것도 할 수 있는 것이 없었다. 대기업 20년 직장 생활은 아무런 경력이 되지 않았다. 퇴직 후엔 단지 나이 많은 무직 여성일 뿐이었다. 직장 다닐 때 안일함으로 준비하지 않은 것이 후회되었다.

초등학생 시절 시골에서 자란 나는 학교가 끝나면 가방을 던져놓고 친구들과 들로 산으로 그렇게도 열심히 놀러 다녔다. 공기 놀이, 고무줄 놀이, 나이 먹기. 지금도 그 순간들이 생생하면서 행복한 추억으로 기억된다. 봄이 되면 들로 봄나물을 캐러 가고 여름방학 내내 계곡에서 수영하고 놀다 새까맣게 탄 얼굴은 여자아이인지 사내아이인지 구분이 안 갈 정도로 참으로 재밌게 놀았던 시절이다. 부모님들은 들에서 일하시다 저녁에 들어오시면 항상 잔소리를 하곤 하셨다. 공부도 다 때가 있는 것인데 하루 종일 놀고 숙제도 안 했다고 말이다. 그때서야 방바닥에 엎드려 학교 숙제를 겨우 했던 어린 시절이 기억난다.

아들 셋 중 우리 쌍둥이들은 공부하는 걸 좋아하지 않는다. 놀기 좋아한다. 친구들과 만나서 축구하기 좋아하고 또 게임하는 것도 좋아한다. 내가 어렸을 적 그랬던 것처럼 말이다. 충분히 그 맘을 이해한다. 그래서 아직은 공부에 대한 부담을 많이 주려고 하지 않는다. 뭐든지 내가 열정을 가지고 할 때 성과가 있는 것도 알기 때문이다.

그래서 쌍둥이들은 친구들이 다니는 영어학원, 수학학원을 다니는 걸 원치 않아서 과감히 끊었다. 대신에 이후로 아빠와 함께 쌍둥이는 드럼학원을 다니기로 했다. 셋이서 똑같이 드럼을 치지만 아빠는 즐겁게 열정을 가지고 친다. 아빠는 드럼이 공부가 아니고 인생을 함께 할 신나는 놀이이다. 하지만 쌍둥이는 이 드럼 또한 하나의 공부로 인식하고 있는 것 같다. 지금까지 인생을 살아온 나로서는 우리 쌍둥이들을 충분히 이해할 수 있다. 내가 필요할 때 하는 공부야말로 진짜 공부이고 놀이인 것이지 쌍둥이들에게는 아직은 원치 않는 배움인 셈이다. 그래도 부모님이 본인들의 충분히 기회를 열어준 것에 대한 부분은 알고 있는 듯 불만 없이 잘 다니고 있다. 아빠보다도 더 실력자로 말이다.

어느 날 쌍둥이가 나에게 다가와서 말했다. 엄마 저희가 다닐 수학학원을 알아 봤어요! 제가 다니고 싶은 학원이 있어요! 겉으로 표현하진 않았지만 순간 난 놀랐다.

반가웠다. 난 이 순간을 기다렸다. 본인이 원하는 순간 본인이 필요로 하는 순간 엄마의 강요가 아닌 스스로 선택해서 하는 공부 말이다. 본인들이 선택한 학원이기에 더욱 열심히 할 것이라 믿는다. 나를 위한 내 선택이기 때문이다. 물론 아이들이 선택한 과정에서 또 한 번 좌절할 수도 있고 포기할 수도 있다. 하지만 나는 이 또한 후회하지 않는다. 아이들을 원망하지 않는다. 이런 과정들을 거치면서 아이들은 성장하고 성숙할 것이라 믿는다. 때론 본인들의 선택이 부족함을 알게 되는 순간이 오면, 부모님께 손을 잡아달라고 손을 내미는 순간이 오면 따뜻하게 잡아주면 되는 것이다.

초등학교를 졸업하고, 중학교, 고등학교 때 공부했던 것을 기억해보면 항상 성적 때문에 맹목적으로 공부했다. 나에게 공부는 그런 것이었다. 적어도 마흔이 되기 전까진 말이다.

어제와 다른 감동을 가져다 준 영화, 나의 꿈이기에 새롭다

얼마 전 회사 직원들과 〈극한직업〉이란 영화를 보게 되었다. 우리나라 경찰들의 현실을 과장되지만 코믹하게 잘 표현한 영화여서 너무 재밌게 잘 보았다. 복잡하지 않는 스토리에 고민 없이 시청하기에 좋고 내용 자체도 공감이 갔다. 보는 내내 웃음이 떠나지 않았고 조금이라도 쌓인 스트레스가 있었다면 말끔하게 씻어주는 영화이기에 충분했다. 영화 한 편이 한 사람의 스트레스를 날려주고 많은 사람을 웃게 해주었다. 어찌 보면 바쁘게 살아가는 현대인들, 스트레스 속에 살아가는 현대인들에게 비타민 같은 존재, 힘을 주는 영양제 같은 역할을 하고 있었던 것이다. 난 영화를 보는 내내 영화를 보는 기준이 예전과 많이 달라졌다는 생각을 했다. 전에는 흥미위주로 영화를 보았다. 하지만 이제는 서서히 작가로서의 꿈을 가지고 있기에 대사 하나하나, 스토리 전개 등을 신경 쓰면서 보게 되었다. 작가의 상상력이 대단해 보이기도 했다.

작가라는 직업은 한 사람의 노력으로 많은 사람들에게 좋은 영향력을 줄 수 있는 멋진 일이구나. 책으로, 스크린으로, TV로 그들에게 전하는 메시지가 이렇게 크구나. 다시 한 번 생각하는 계기가 되었다.

작가는 무슨 생각을 하면서 작품을 쓰게 됐을까? 어떤 사유들로 글을 쓰게 됐을까? 저 작가는 어떤 공부를 해서 저 대단한 작품을 쓰게 됐을까? 수많은 영화, 드라마 작가들이 존경스럽고 대단하다는 생각이 든다. 앞으로 나도 많은 사람들에게 감동과 재미를 주는 영화를 만드는 작가가 되고 싶다. 드라마 작가도 되고 싶다. 앞으로 어떻게 준비해야하는지 가슴이 뜨겁고 기대로 가득 찬 마음을 안고 영화관을 나왔다.

예전에 부모님이 말씀하셨던 공부는 때가 있다는 말은 지금의 나에게는 해당되지 않는다. 지금은 때가 따로 있지 않다. 공부는 내가 진정 하고 싶을 때 그 빛을 더 발할 것이다. 나를 위한 공부, 내가 하고 싶은 공부를 할 것이다. 이 공부에 걸리는 시간은 중요하지 않다. 공부하면서 느끼는 행복과 만족은 종착지가 아니라 가는 정거장마다 느끼고 배우게 될 테니까 말이다. 이제부터 내가 하는 공부는 온전히 내 꿈을 향한 나를 위한 공부다.

4장

나는 있는 그대로 지금 '여기'를 살아갈 것이다

01
일어나는 모든 일들에 감사하라

인생을 살아가는 데 오직 두 가지 방법밖에 없다.
하나는 아무것도 기적이 아닌 것처럼,
다른 하나는 모든 게 기적인 것처럼 살아가는 것이다.
– 알베르트 아인슈타인(Albert Einstein)

우리는 감사할 수밖에 없는 환경에 살고 있다

"감사라는 주사를 매일 거르지 말라.

시련이라는 병마를 만났을 때, 다른 사람보다 빨리 이겨낼 수 있을 것
이다."

— 뉠르 C. 넬슨, 지니 르메어 칼라바 공저, 『소망을 이루어주는 감사의 힘』 중에서

"지금 먹을 것이 있고 입을 옷이 있고 잠잘 곳이 있다면 그렇지 못한
전 세계 75퍼센트의 사람들보다 당신은 더 부자입니다. 은행에 돈이 있

고 당장 쓸 돈이 얼마라도 있다면 당신은 전 세계 8퍼센트 안에 드는 부자입니다. 오늘 아침 건강하게 일어났다면 이번 주에 생존할 가능성이 없는 2백만 명보다 더 축복받은 사람입니다. 전쟁의 위험, 투옥의 외로움, 고문의 고통, 굶주림을 한 번도 경험하지 않았다면 당신은 그런 고통 속에 있는 5억 명보다 행복한 사람입니다. 방해, 투옥, 고문, 죽음의 공포 없이 교회에 출석할 수 있다면 당신은 그렇지 못한 30억 명보다 축복받은 사람입니다. 부모님이 아직 살아 있고 이혼하지 않았다면 당신은 거의 누리기 힘든 환경에 있습니다. 당신이 미소를 지을 수 있고 진정 감사한 마음을 가지고 있다면, 할 수 있음에도 하지 않는 이들보다 훨씬 축복받은 사람입니다.

당신이 타인의 손을 잡아주고 어깨를 두드려 줄 수 있다면 당신은 이미 치유의 능력을 가지고 있습니다. 당신이 이 글을 읽을 줄 안다면 전혀 읽지 못하는 20억 명보다 훨씬 축복받은 사람입니다. 당신이 받은 축복을 잘 헤아려보십시오."

— 〈유엔과 국제기구〉 동영상 내용 중에서

우리는 감사를 마땅히 감사할 일에 대한 표현이라고 생각한다. 감사는 그저 감사해야 하는 이유에 따라 반응하는 것이 아니라 삶에 대한 근본 태도임을 알아야 한다. 삶에 대한 태도가 바뀔 때 감사할 조건이 뒤따르기 때문이다.

세 번째 미국 비자 승인이 거절되었을 때 나의 삶은 너무도 비관적이었다. 앞으로 나의 미래는 너무도 깜깜했다. 길도 보이지 않았고 나가는 문도 보이지 않았다. 그저 깜깜하고 싸늘한 철창 속에서 나 혼자 덩그러니 서있는 기분이었다. 답답해서 눈을 뜨려고 해도 떠지지 않았고 추워서 무언가를 덮으려 해도 차가운 바람만이 나를 에워쌌다. 눈물조차 나오지 않는 절망감! 그 순간 나는 1초 후의 삶도 없었으며 그 순간의 모든 것이 멈춰버렸다. 그 후 나의 3개월은 살아 있는 내가 아닌 죽은 삶으로 살았던 세월이었다.

오늘날 나는 비자 승인이 거절된 것에 감사한다. 비자 승인이 되지 않았기에 내가 태어난 나라 대한민국에서 자유롭게 살고 있다. 나에게 맞는 음식을 먹고 있으며 보고 싶은 가족들과 친구들을 언제든지 만날 수도 있다. 언어 때문에 답답한 일도 없다. 아이들도 자신 있게 원하는 것을 하면서 공부하고 있다. 내가 하고 싶은 일을 하고 있고 내 꿈을 위해 나만의 시간을 얼마든지 보낼 수 있다.

우린 가끔 간절하게 원하는 것을 신께 기도하고 구한다. 하지만 응답이 없고 주시지 않을 때는 어린아이처럼 원망하곤 한다. 하지만 주시지 않는 이유가 다 있는 것이다. 그래서 우리는 항상 감사해야 하는 조건에 있는 것이다. 그 순간 죽을 만큼 힘든 결과를 줄 때는 그만한 이유가 있는 것이다.

미국 이민 취소를 결정하고 안정된 생활을 할 때쯤 새벽에 미국에 사는 친구로부터 메시지가 와 있는 걸 보았다. 미국에 오지 않길 잘했다는 메시지였다. 우리가 가기로 한 지역에 엄청난 홍수 피해가 나서 사람들이 대피하고 건물은 파손이 되었다고 했다. 날이 밝아져서 알아본 결과 우리가 사업하기로 한 사업장도 상당한 피해가 있었다. 심장이 덜컥 내려앉았다. 미국 도착한 지 얼마 지나지 않아서 그런 일을 당했을 나 자신을 생각해보면 얼마나 힘들고 지친 생활을 했을지 말이다. 그러니 이민 올 것을 권유한 친구 입장에서 많이 걱정되고 신경이 쓰였던 모양이다. 난 미국에 사는 친구를 참 좋아하고 감사하게 생각한다.

원하는 그곳에 결국 가진 못했지만 어떤 사유로든 회사 퇴직을 할 결정적인 기회를 주었고 또한 준비하는 과정 중에 많은 도움을 주었기 때문이다. 내 인생을 변화하게 만들어준 친구이기도 하다.

감사한 삶의 근본은 선함, 성실, 베풂의 삶이 되어야 함을

행복한 생활을 하고 도전을 하고 꿈을 이루는 과정 중에 나는 많은 사람들에게 영향력 있는 사람이 되길 바란다. 제일 먼저 가족에서부터 시작하여 친구들 그리고 나를 아는 모든 사람들과 나아가 나를 알지 못하는 사람들 모두에게 말이다. 바쁜 생활로 많이 놀아주지 않는다고 섭섭함을 표현한 남편은 아내가 원 없이 자기 일을 펼치게 해준 것에 대한 자부심이 있을 것이다. 같이 보내지 못한 시간에 더 많은 취미와 공부를 하게 될 것이다. 또한 꿈을 이루어가는 과정 중에 그 영향을 받아서 남편의 꿈 또한 찾고 이루어가기를 바란다. 사랑하는 자녀들 또한 열심히 살아 가는 엄마의 모습을 통해서 성실함을 알고 열정이 있는 삶을 보고 느끼 기를 원한다.

꼭 성공이 아니더라도 최선을 다하는 모습이 아들들에게 도움이 되길 바란다. 친구들 또한 같이 마흔을 맞이하고 40대를 살아가는 입장에서 지금도 내 꿈이 늦지 않았음을 알게 하고 싶다. 너도 했는데 나라고 못할 까 하는 자신감을 심어주고 싶다. 나를 알지 못하는 사람들 또한 내가 원 하는 꿈을 얼마든지 이루고 성공할 수 있다는 것을 알려주고 도전하게 해주고 싶다. 그 목표를 하나씩 이루어가고 있음에 감사한다.

직장 생활을 하면서 나의 꿈을 이루기란 결코 쉬운 일은 아니다. 때로 는 일에 방해가 될 수 있기 때문이다. 본질이 흔들릴 수 있기 때문이다. 하지만 지금 내가 일하는 곳은 나의 꿈을 이룰 수 있도록 발판을 마련해 주는 곳이다. 내가 꿈을 향해 나갈 수 있는 것은 지금의 일을 통해서이 다. 항상 미래를 계획하고 미래를 긍정적으로 봐야 하는 우리 업무의 특 성도 도움이 된다. 이 또한 감사하다.

난 아들만 셋이다. 아들 셋을 가진 엄마는 세상에서 볼 때 불쌍한 엄마 라고 한다. 재밌는 글귀를 보고 웃었던 기억이 있다.

– 딸 둘에 아들 하나면	금메달
– 딸만 둘이면	은메달
– 딸 하나 아들 하나면	동메달
– 아들 둘이면	목메달

아들 둘이면 '목메달?'이라는데 아들이 셋이나 되는 난? 목! 목! 목! 메달?

큰아들은 아빠만큼이나 듬직하고 스스로 자신의 일을 해내는 아들이다. 잔소리할 게 없어서 오히려 가끔은 내 고민을 털어놓고 같이 해결하기도 한다. 둘째 아들은 엉뚱한 4차원 세계를 가진 아들이다. 그래서 사랑스럽고 순수하다. 막둥이 아들은 남성적인 매력이 많지만 엄마한테 만큼은 따뜻함과 정이 넘쳐나는 아들이다. 세상 사람들이 걱정하는 목! 목! 목! 메달인 엄마가 아니라 아들 셋을 두었기에 너무나 행복하고 감사하다.

지금 나에게 일어나는 모든 일들은 나에게 감사 그 이상의 감사이다.

02

행복은 여기, '지금 하는 일'에 있다

낙원의 새는
자신을 잡으려 하지 않는 사람의 손 위에 날아와 앉는다.
– 존 베리(John Berry)

행복은 지금 이곳에 있다

"세상에는 사람들이 생각하는 것보다 훨씬 많은 소박한 행복들이 있거
든요. 하지만 대부분의 사람들은 그런 행복을 전혀 알아보지 못해요."

『파랑새』 4막 9장, 빛의 요정의 대사 중에서

"초라한 오두막집에 사는 남매 치르치르와 미치르에게 어느 날 밤 요
술쟁이 할머니가 찾아온다. 할머니는 자신의 아픈 딸을 위해 남매에게
파랑새를 찾아 달라고 부탁한다. 치르치르와 미치르는 할머니가 건네준
마법의 다이아몬드가 달린 모자와 함께 파랑새를 찾아 긴 여행을 시작

한다. '추억의 나라', '밤의 궁전', '미래의 나라' 등 아이들은 동화 속에서나 볼 법한 환상적인 세상을 차례로 찾아간다. 이미 세상을 떠난 할아버지, 할머니, 형제자매들을 만나 즐거운 시간을 보내기도 하고, 으슥한 동굴이나 무덤 앞에서 두려움에 떨기도 한다. 치르치르와 미치르는 새로운 곳에 갈 때마다 우여곡절 끝에 파랑새를 발견한다. 하지만 그곳을 떠날 때마다 파랑새는 죽어 있거나, 색깔이 변하거나, 날아가 버린다. 치르치르와 미치르는 결국 파랑새를 찾지 못한 채 집으로 돌아온다. 하지만 그토록 찾아 헤매던 파랑새가 자기 집 새장에 든 것을 발견한다."

– 모리스 마테를링크, 『파랑새』 중에서

어릴 적 파랑새 이야기를 TV에서 만화로 시청한 기억이 있다. 파랑새를 찾아 나섰던 주인공들이 파랑새를 찾기만 하면 진짜 파랑새가 아니어서 실망한 적이 많았다. 제발 이번에는 진짜 파랑새이기를 간절하게 바라면서 두 손을 모으기도 했었다. 주인공들이 파랑새를 꼭 찾길 원했고 그 파랑새에게 도대체 어떤 비밀이 숨겨져 있는지 궁금하기도 했기 때문이다. 결국 파랑새는 주인공 집안에 있었던 걸 보고 약간의 실망을 했던 기억도 난다. 어린 나이라 그런지 파랑새의 진정한 의미를 모르고 재밌는 이야기 만화로만 봤기 때문인 것 같다. 어른이 되어서야 파랑새가 행복을 의미한다는 걸 알았고 또한 그 행복의 진정의 의미를 아는 나이 40대가 되었다.

행복은 내 주변에 내 가까이 있는 걸 모르고 살았다. 일상에서 누리는 것들이 행복이라 생각하지 않았다. 지금의 고통을 감내하는 것, 미래에 있는 행복을 위해서 준비하는 것이라고 스스로 위안했다. 아직은 누려서는 안 되는 거라고, 회사를 그만둔 다음에! 조금 더 돈이 모아진 다음에! 조금 더 살림이 안정된 다음에! 조금 더 아이들이 성장한 다음에! 맛볼 수 있는 것이라 단정 지었다. 오랜 세월 노력한 대가로 행복을 얻는 것이라 생각했다. 항상 그 날을 위해서 먼 미래를 계산해보기도 했다.

마흔이 되어서 매일매일 순간순간 행복에 도취된 날들을 보내면서 지금까지 난 행복하지 않은 게 아니라 행복을 행복이라 인정하지 않았던 것을 알게 되었다. 살면서 때론 힘든 삶 속에서도 살짝 기웃거린 행복도 있었을 것이고 그 순간 잠시 행복함을 느꼈던 순간도 있었을 것이다. 행복이 삶 속에서 고통과 힘듦 속에 함께 공존하는 것을 이해하지 못했던 것이다. 한 번의 행복은 영원해서 행복이 시작되는 순간 끝나지 않을 것이라는 착각 속에 산 것이다.

파랑새를 찾기 위해서 한국을 떠나려했던 우리 가족. 지금의 삶에서 해답을 찾지 못했기에 저 멀리 어딘가에 행복과 미래가 있을 것이라고 상상했던 시절이 있었다. 그 순간 지금 존재하는 이 공간은 상상의 나라가 아니게 된다. 그렇게 마음먹은 순간부터 이곳에서의 모든 것은 부정과 함께 희망의 멈춤이었다. 내 스스로를 위안하려는 마음인 걸까? 뉴스를 보다 안타까운 사연을 보면 '그래! 한국은 이런 곳이야. 떠나기로 결정하길 잘한 거야.'라고 생각하고, 아이들이 하는 공부조차도 의미가 없다고 생각했다. 매일 집에 와서 하는 영어 공부! 한국은 너무 주입식이야! 미국 가면 스스로 잘하게 될 건데 한국의 교육 방식은 마음에 안 들어! 나는 모든 생각 하나하나에 부정적인 것만을 받아들이려고 했던 것이다. 나의 결정을 합리화하기 위한 퍼즐을 부정적으로만 맞추고 있었던 것이다.

지금의 나는 예전과는 다른 삶을 살고 있다. 생각을 바꾸고 마음을 바꾸었기 때문이다. 아이들과 따뜻한 집에서 식사를 함께 할 수 있어서 행복하다. 북한도 무서워하는 중학교 2학년 쌍둥이 아들들이지만 사춘기 없이 예쁘게 자라줘서 행복하다. 부정적인 뉴스보다 좋은 소식에 반응하려고 노력한다. 4계절이 있는 아름다운 한국에 있는 게 좋다. 예쁜 꽃을 실컷 보고 더운 여름을 잘 견디고 나면 예쁜 코스모스와 단풍이 애썼다고 손 흔들어주는 가을이 있어서 좋다. 추운 겨울 새하얀 눈이 내리면 어린아이처럼 마냥 좋고 호호 불면서 군고구마 먹는 계절이 있어서 행복하다.

이 모든 것은 내가 살면서 언제나 누렸던 행복이다. 다만 내가 이 행복을 행복이라 이름을 지어주지 않았을 뿐이다. 이제야 깨닫는다. 화려하지 않아도 따뜻함이 있고, 편안한 옷을 입고 언제나 벌러덩 누울 수 있는 쉬고 싶을 때 어디든 내 몸을 맡길 수 있는 침대가 있는 집이 있어서 행복하다는 것을 말이다. 내가 살고 있는 그 집에 파랑새가 있다는 것을 마흔이 되어서야 깨닫는다. 행복은 내 안에 내 가장 가까운데 있는 것을 말이다.

행복은 지금 하는 일에 있다

지금의 나는 하는 일에 사명감과 목표를 가지고 일하고 있다. 첫 번째 목표는 나의 행복을 위한 일이다. 두 번째 목표는 나를 통해서 많은 사람들이 행복해지고 미래를 계획하고 기대하는 삶을 살 수 있도록 리더 역할을 하는 것이다. 막연하게 밥벌이를 위한 일이 아니기에 이 일이 행복하고 열심히 뛸 수밖에 없는 이유이다. 회사의 조건이나 일의 종류가 중요한 것이 아니었음을 깨닫는다. 내 마음이 가장 중요한 것임을 말이다. 내가 하는 일에 가치를 부여하고 그 일에 소중함을 둔다면 지금 내가 하는 일 속에서 행복을 느낄 수 있는 것이다.

하지만 예전의 나는 성숙하지 못했기에 좋은 환경이 아니라고 탓하고 좋은 것임에도 누리지 못했다. 하지만 이제야 그것을 알았다. 그렇기에 지금의 환경에 감사하고 하는 일에서 행복을 느끼고 있다. 지금 내가 일할 수 있음에 행복한 것이다.

행복은 멀리 있는 것이 절대 아니다. 거창하고 고상한 것 또한 아니다. 생활 속에서 겪는 소소한 일상에 있다. 그것을 받아들이는 내 마음이 열려 있을 때 행복은 얼마든지 나의 차지인 것이다. 행복을 내가 지금 있는 이곳에서 찾아라. 행복을 내가 하고 있는 일에서 찾아라. 그것이 진정 내가 누리고, 앞으로도 계속적으로 누릴 수 있는 행복인 것이다.

03

내 꿈을 키워줄 책을 읽어라

사실 우리는 힘을 얻기 위해 독서해야 한다.
독서하는 사람은 극도로 활기차야 한다.
책은 손안의 한 줄기 빛이어야 한다.
– 에즈라 파운드(Ezra Pound)

책은 우리의 또 다른 멘토이다

일상의 비슷한 삶 속에서 어느 순간 내가 변화하는 결정적인 계기가 있다. 그것은 누군가의 칭찬 때문일 수도 있고 일상에서 일어나는 사건 때문일 수도 있고 한 권의 책 때문일 수도 있다. 하지만 다른 사람의 칭찬이나 일상의 일어나는 사건은 일어날 수도 일어나지 않을 수도 있는 예측 불가한 것이다.

그렇게 된다면 나에게 올 수 있는 변화의 결정적인 계기는 없거나 적을 수도 있다는 말이다. 그러나 책은 내가 노력에 의해서 나에게 오는 기회를 찾을 수 있는 방법이고 또 수많은 멘토인 것이다.

성공한 사람들의 사례를 보면 그들은 항상 꿈에 대한 간절함이 있었다. 그 간절함의 답을 찾고자 그들은 항상 자기 계발서나 꿈에 관한 책으로 방법을 찾았다. 난 고등학교 때 소설책이나 감성적인 시집을 자주 봤었다. 그래서인지 내가 무엇이 되고 싶은 건지 깊게 생각을 해보진 않았다. 그도 그럴 것이 가정 형편 때문에 취업이 우선이었기에 학교에서 주는 입사원서에 집중이 되어 있었다. 20대 젊은 시절은 책보다는 회사 업무에 쌓여서 일벌레로 살았다. 아이를 임신하니 육아에 대한 책을 보고 아이를 낳고 보니 아이들과 함께 동화책에 빠져들던 세월이었다.

나는 지금 내 꿈을 이루고 있는 것이 신기하고 가끔씩 꿈은 아닌가 생각해 볼 때가 있다. 정말 내가 하고 싶은 글을 쓰고 있다는 게 믿기지 않기 때문이다. 그런데 내가 꿈을 이루기까지의 과정은 다 있었고 저절로 된 건 아니다. 내가 꿈을 확실히 이룰 수 있는 방법에는 책이 많은 역할을 해주었다. 책을 쓰는 방법을 배운 〈한책협〉도 책을 읽다가 발견한 것이고 무엇보다 꿈을 꾸고 이루어가는 과정 중에 나에게 가장 큰 메시지와 용기를 주는 책 세권은 나의 지침서이기도 하다.

첫 번째 멘토 『시크릿』

이 첫 번째 책은 그야말로 삶을 바꿔 놓을 만큼 엄청난 책이었다.
바로 론다 번의 저서 『The Secret』이다.

이 책은 내가 원하는 무엇이든 가질 수 있는 비밀을 알려주는 책이다. 비밀은 바로 끌어당김의 법칙을 말한다. 끌어당김의 법칙은 다름 아닌 나의 생각으로 내가 원하는 것을 실행시키는 것이다. 행복이든 돈이든 건강이든 아무런 제약이 없다. 금액에도 제안이 없다.

내가 가장 많이 되고 싶어 하는 존재가 되고 내가 가장 많이 생각하는 것을 끌어당길 수 있다. 내가 살고 있는 삶은 지난날 내가 한 생각들이 현실에 반영되어 나타난 결과물이다. 마음으로 본다면 손으로 쥐게 된다는 것이다. 생각은 현실이 된다. 생각은 자석이고 생각에는 주파수가 있는데 인생을 바꾸고 싶다면 생각을 바꿔서 주파수와 채널을 바꿔야 한다고 알려준 책이다.

엄청난 비밀을 알아버린 것이다. 내가 생각한 대로 내가 원하는 대로 얻을 수 있다니 놀라운 책이었다. 사실 이 책은 30대 시절 소설책처럼 그냥 가볍게 읽고 넘긴 책이다. 엄청난 비밀이 숨겨져 있는데도 그때는 이 책의 비밀을 알지 못했다.

난 매일 아침 출근하면 이 책을 단 하루도 거르지 않고 내가 원하는 부분을 읽는다. 내가 원하는 것을 얻는데 높은 학력이 필요한 것도 아니고 많은 돈이 필요한 것도 아니고 오직 생각으로 끌어당길 수 있다니 말이다. 이것이야말로 진짜 보석을 발견한 것이다. 그 생각에는 온전한 믿음과 강력한 긍정이 있다. 구하고 믿고 받고 감사하면 되는 것이다. 난 이 책을 많은 지인들에게도 선물했다. 그들 또한 원하는 모든 것을 얻는 방법을 터득하여 얻길 바라는 간절한 마음이 있기 때문이다.

두 번째 멘토 『누가 내 치즈를 옮겼을까』

두 번째 책은 스펜서 존슨의 저서 『누가 내 치즈를 옮겼을까』이다.

이 책 또한 회사 다닐 때 회사에서 추천 도서로 읽은 책이다. 회사의 변화가 한창 강조될 때 이 책은 전 직원들에게 필수 도서였고 이 책으로 토론까지 했던 책이다. 하지만 그 당시 이 책을 읽었을 때는 나를 위한 변화가 아닌 회사의 변화가 절실히 필요한 시기였고 회사가 한 단계 발전하기 위해서 직원들의 의식의 변화가 필요했던 것이다. 『누가 내 치즈를 옮겼을까』 이 책 또한 내가 꿈을 이루어가는 데 나의 지침서가 되어준 책이다. 이 책은 퇴직 후 만난 멘토를 통해서 다시 한 번 추천받았다.

이 책은 빠르게 변해가는 세상 속에서 안전한 먹이는 없다, 새로운 먹이를 찾는 과정에 길을 잃고 헤매기도 하고 때로는 막다른 길에서 좌절하기도 하지만 안주하지 않고 두려움을 이겨내고 과감히 도전하고 개척한다면 반드시 새로운 먹이를 찾을 수 있다는 교훈을 준다. 끊임없는 변화와 도전을 강조한다. 또한 고정관념의 틀에서 벗어나지 못한 나를 조금씩 변화하게 해준 책이다.

세 번째 멘토 『보물지도』

세 번째 책은 모치즈키 도시타카 저자의 『보물지도』라는 책이다. 첫 번째 책과 두 번째 책이 나의 의식을 변화하게 하고 생각을 전환하게 한 책이라면 『보물지도』는 나를 행동으로 이끌게 했던 결정적인 책이다. 꿈을 이루어가는 확실한 방법을 구체적이고 쉽게 접근할 수 있도록 알려주는 책이다. 『보물지도』를 읽으면서 가슴이 뜨거웠고 구체적인 꿈을 갖게 되었다. 이 책을 읽고 난 베스트셀러 작가의 꿈을 꾸게 되었다. 꿈을 이룰 수 있는 방법은 "커다란 종이에 자신의 꿈을 써넣고 이미지와 사진을 붙인다. 그런 다음 방에 붙이고 매일 바라보는 것이다." 책에서 가르쳐준 가장 쉬운 방법이다.

이 저자 또한 너무나 평범한 사람에서 아마존 종합 베스트셀러 1위 작가가 되었고 성공과 부를 함께 이루었다. 책에서 가르쳐준 똑같은 방법으로 이룬 결과물이다.

많은 책들이 내가 꿈을 이루는 데 큰 역할을 했지만 이 세 권의 책이 가장 결정적인 역할과 내비게이션 역할을 했다고 해도 과언이 아니다. 누구나 한 번쯤은 읽어봤을 베스트셀러들이다.

누군가는 '좋은 책이네.' 하고 넘겼을 책이고 또 누군가에게는 인생의 변화와 꿈을 이룰 수 있게 도움을 준 책들이다. 이 책이라는 보석을 발견할 수 있었던 것은 간절하게 이루고 싶은 꿈과 목표가 있었고 또 된다는 믿음이 있었기 때문이다.

꿈이 없는 사람은 없다고 한다. 단지 꿈을 잊어버려서이고 방법을 몰라서 도전하지 못하기 때문이다. 내 꿈을 이룰 수 있게 도와줄 수 있는 든든한 '빽'이 없다면 꿈과 관련된 책을 읽어라. 끊임없이 찾아서 읽고 또 읽어라. 그 열정 가운데 나에게 해답을 줄 수 있는 책을 찾게 될 것이다. 그 책은 나의 스승이 되고 나의 멘토가 되어 나를 꿈을 이룰 수 있는 길로 안내할 것이다.

04

타인의 기준으로부터 벗어나라

내 경험에 비추어 볼 때
단점이 없는 사람은 장점도 거의 없다.
– 에이브러햄 링컨(Abraham Lincoln)

타인의 기준으로 살기에는 행복하지 않은 삶

한 여학생이 수업이 끝난 뒤 교수를 찾아가 이렇게 질문했다. "교수님, 어떤 남자는 조용하고 여성스러워 보이는 제 모습이 매력적이라고 말합니다. 하지만 또 다른 남자는 제가 조금 더 활달하고 씩씩했으면 좋겠다고 말합니다. 제겐 어떤 모습이 더 어울릴까요?" 그러자 교수는 그녀에게 다음과 같은 이야기를 들려주었다.

옛날 어느 왕국에 두 명의 왕자가 있었다. 하루는 왕이 큰아들에게 어울리는 왕비를 찾아 주려고 그에게 어떤 스타일의 여자를 좋아하냐고 물었다. 그러자 첫째 왕자는 이렇게 대답했다.

"전 마르고 날씬한 여자가 좋아요."

이 소식을 전해 들은 왕국의 젊은 여인들은 왕자의 마음에 들기 위해 너도나도 살을 빼기 시작했다. 그녀들은 모두 '힘들더라도 조금만 참는 거야. 그럼 평생 왕비 대접을 받으며 살 수 있어!'라고 생각하며 며칠씩 밥을 굶기도 했다. 몇 달 후, 왕국에는 더 이상 통통한 여인들을 찾아볼 수 없게 되었다. 하지만 계획 없이 무턱대고 살을 빼느라 영양실조에 걸려 쓰러지는 사태가 발생하고 말았다. 그런데 뜻밖의 사건이 발생했다. 결혼을 앞둔 첫째 왕자가 병에 걸려 갑작스럽게 세상을 떠난 것이다. 그래서 둘째 왕자가 왕위를 계승하게 되었다. 왕은 둘째 왕자에게 어울리는 왕비를 찾아 주려고 그에게도 똑같은 질문을 던졌다. "아들아, 너는 어떤 여인을 왕비로 맞이하고 싶으냐?"

그러자 왕자는 이렇게 대답했다.

"요즘 여자들은 하나같이 삐쩍 말랐어요. 전 뚱뚱하고 풍만한 여자가 좋아요." 이 소식은 곧 온 마을에 퍼졌고 여인들은 다시 살을 찌우기 위해 닥치는 대로 먹기 시작했다. 그리고 얼마 지나지 않아 마른 여자는 더 이상 찾아볼 수 없게 되었다. 심지어 왕국에 먹을 것이 남아나지 않을 정도였다. 그런데 둘째 왕자는 뜻밖의 선택을 내렸다. 마르지도 뚱뚱하지도 않은 한 여인을 왕비로 맞이한 것이다. 그는 이렇게 말했다. "자신의 외모에 치중하기보다 자신만의 아름다움을 지닌 건강하고 현명한 여자가 더 좋아요."

같은 사물을 바라보더라도 사람들은 저마다 다른 평가를 내린다. 이는 사람들마다 관념과 사고방식이 다르기 때문이다. 설사 여러 사람들이 한 사물에 대해 같은 평가를 내렸다 하더라도 시간이 흐르면서 그 평가가 조금씩 조금씩 달라지게 마련이다. 무슨 일을 하든지 다른 사람의 생각과 관심사에 맞춰야 한다고 생각해보라. 우리 인생이 얼마나 피곤해지겠는가? 모든 사람의 마음에 들게 살 수는 없다. 중요한 것은 다른 사람의 마음에 들기 전에 나 자신을 사랑할 수 있어야 한다. 자신의 신념이 아닌 쉽게 변하는 것들로 인생의 기준을 삼는 것은 '실패'라는 불행의 씨앗을 심는 일과 같다.

우리는 많은 기준을 나 아닌 타인의 기준에 맞추고 벗어나지 못한다. 나의 만족이 아니라 타인이 만족해줘야 하는 그런 기준 말이다. 그것은 내 판단에 때로는 확신이 없거나 나 자신의 자존감이 너무 낮기 때문이다. 나도 가끔은 그런 자신을 발견할 때가 종종 있다. 남편과 옷을 사러 갈 때도 항상 남편에게 옷이 예쁜지 물어본다. 그런데 내 맘에 들지 않는데 남편이 마음에 든다고 하면 사놓고 나중에 후회하게 되는 경우도 종종 있다.

마흔 살 이후 대기업을 그만둔 후 난 일을 시작하기 전에 정말 아무런 자신감이 없었다. 내세울 만한 경력도 없고 그렇다고 나이가 젊은 것도 아니고 남들에게 떡 하니 잘한다고 할 만한 것도 없었기 때문이다.

　사람은 누구나 한 가지 이상 본인이 잘하는 것이 있다고 한다. 그것이 다른 사람에게는 정보가 되고 지식이 될 수 있다. 나는 지금의 일을 하고 있지만 아직은 나를 스스로 전문가로 인정하지 않았다. 배우고 있는 단계이고 많은 경험이 없기 때문이었다. 어느 날 같이 교육받은 교육생들과 쉬는 시간 담화를 나누었다. 내가 지금하고 있는 일에 대해서 관심이 있다면서 나에게 묻는 것이었다. 나는 내가 아는 범위 내에서 설명을 해주었다. 그랬더니 20대 젊은 친구가 나에게 한마디 했다. "아, 정말 부러워요! 전 그렇게 전문성 있는 일을 하는 분들이 부러워요! 그 내용을 책으로 쓰셔도 되겠어요!"라고 말이다. 난 아직은 너무 부족하고 책을 쓸 정도의 실력은 안 된다고 말했다. 하지만 그 젊은 친구는 나에게 말했다.

　"아무것도 모르는 저희보다 훨씬 많이 알고 계시잖아요. 저희한테는 그게 엄청난 정보인데요."

　브렌드 버처드의 『백만장자 메신저-당신의 경험이 돈이 되는 순간이 온다』에서는 자신의 '경험과 지식'을 '메시지'로 만들어 다른 사람을 도우면서 돈을 버는 1인 기업가의 세계로 안내한다. 세 아이를 키운 엄마는 초등학교 입학 상담사가 되고, 자동차를 좋아하는 누군가는 중고차 컨설턴트가 된다. 책을 좋아하는 동료는 기업 교육 전문 북 큐레이터가 되고 퇴사한 금융회사 직원은 개인 자산관리사로 돈을 번다. 시간제 노동자가 아닌 일의 '가치'에 따라 돈을 벌기에 '돈과 행복과 자유'가 있는 새로운 인생을 살 수 있다고 말한다.

브렌드 버처드는 말한다. "조직에 몸담지 않아도 된다. 대단히 뛰어나지 않아도 된다. 모든 것을 잘할 필요도 없다. 하찮게 생각했던 당신의 경험, 당신의 이야기, 당신의 메시지는 수많은 사람들이 목말라하는 가치다. 당신의 이야기는 당신이 생각하는 것보다 훨씬 더 어마어마한 가치를 갖고 있다. 당신은 수백만 명의 사람들에게 메시지를 전달할 수 있고 그 대가로 수백만 달러를 벌 수 있다. 나 자신이 이를 증명해왔고, 내가 가르친 사람들도 그러했다." 자신의 경험과 가치를 사업화하고자 하는 이들을 성공한 1인 사업가로 만드는 가장 강력한 동기 부여서이자 실천서이자 창업가이드이자 마케팅전략서가 될 것이다.

난 처음에 이 책을 읽고 정말 놀라웠다. 누구나 잘하는 한 가지는 있는데 그것이 누군가에는 정보가 되고 나에게는 사업을 할 수 있게 하고 또한 그 하찮은 것이 돈이 될 것이라고는 단 한 번도 생각하지 않았기 때문이다. 내 기준은 항상 다른 사람이 볼 때 화려해야 하고 인정할 만한 눈에 띌 만한 경력이나 학력이 기준이 되었기 때문이다.

우린 가끔 난 어떤 색깔을 가진 사람인지 궁금할 때가 있었다. 가끔은 난 색깔조차도 없는 사람은 아닌지 소심해질 때도 있다. 그것은 다른 사람 눈에 비춰진 나의 색깔이 궁금했던 것이다. 이제는 다른 사람이 나를 보는 색깔은 중요하지 않다. 다른 사람이 판단하는 내가 아니라 내가 추구하는 나만의 소신을 가지고 나가야 한다. 그것이 큰 것이든 작은 것이든 밝은 색이든 어두운 색이든 중요하지 않다. 그 추구함이 나를 행복하게 하고 세상에 좋은 영향을 줄 수 있다면 그 어떤 다양한 색도 아름답게 보일 것이기 때문이다.

05
인생의 우선순위를 정하라

위대한 생각을 길러라.
어떤 일이 있어도 생각한 것보다 높은 곳으로 오르지 못하니까.
– 벤저민 디즈레일리(Benjamin Disraeli)

일인다역을 하고 있는 나

우리는 너무나 바쁜 세상에 살고 있다. 생계 수단을 위해서 일을 해야 하고 또 수십 개의 모임도 참석해야 하며 부모님 생신 등 가족 행사도 참여해야 하고 집에 있는 가족들을 살펴보기도 해야 한다. 그러면서 내가 하고 싶은 취미 하나 정도는 가지고 있어야 한다. 그래야 이 바쁜 세상에 버텨갈 힘이 있기 때문이다. 나 또한 바쁜 세상에 살고 있음은 분명하다. 연말이 되면 수십 개의 모임 날짜를 맞추느라 달력에 동그라미 쳐가면서 일정을 조정하는 나 자신을 보기 때문이다. 그러면서 가끔은 나를 복사할 수 있으면 참 좋겠다는 생각을 해보기도 한다. 일하는 또 하나의 나.

여러 가지 모임에 참석하는 나. 때로는 쉼이 필요해서 여행을 하고 있는 나. 취미를 즐기고 있는 나. 아이들에게 맛있는 요리를 해주고 있는 갖가지의 내 모습을 상상하면서 말이다.

2, 30대의 나는 가장 회사 일에 집중을 해야만 하는 나이였고 육아에 가장 시간을 투자해야만 하는 나이였다. 선택의 여지가 없었고 그게 가장 나에게 중요한 일이었기 때문이다. 모든 생각은 단 두 가지였다. 첫째는 회사 업무에 집중하고 효율적인 성과를 내기 위한 고민이었다. 둘째는 아이들 육아에 관한 문제였다. 무슨 책을 읽혀야 하고 나이대별로 어떤 학습을 시켜야 하고 또 휴일이면 어디에 가서 아이들과 놀아야 할지 온통 그 생각뿐이었다. 지금 시간을 돌이켜 보면 회사와 아이들 외에는 아무것도 머릿속에 있지 않았다.

당장 앞으로 닥칠 일들을 당장 어떻게 해결해야 할지의 고민 속에 살았던 세월이다.

미래의 계획보다는 쓰나미처럼 밀려올 일들과 쉬는 날 당장 아이들과 보내야 하는 시간들을 메꾸는 일에 온 에너지를 썼으니 항상 '힘듦'이라는 세월 속에 살아가지 않았을까?

얼마 전 TV 오락 프로그램을 시청한 적이 있다. 평소 일 때문에 바쁜 아내. 연예인이기 때문에 평소 남편의 식사를 잘 챙겨주지 못한다. 또한 같이 식사를 할 여유 또한 없다. 오랜만에 남편과 저녁을 같이할 수 있는 시간이 생겼다. 아내는 열심히 남편을 위해서 저녁 준비를 한다. 맛있는 여러 가지 반찬을 만들고 찌개를 끓인다. 온갖 정성과 시간을 들여서 요리를 준비하는 모습이 참으로 아름다웠다. 남편의 퇴근이 가까워 올수록 마음은 급하고 설렌다. 보는 나 또한 급한 마음과 설레는 마음이 전달됐다. 퇴근 시간이 가까워 오고 곧 집에 도착한다는 남편의 전화가 왔다. 이제 맛있게 밥상을 차린다. 지금까지 준비한 반찬들을 예쁜 접시에 올려놓고 흐뭇해하는 미소를 짓는다. 앗, 그런데 결정적인 실수가 있었다. 제일 중요한 밥을 해놓지 않은 것이었다. 이미 때는 늦었다. 남편이 도착했기 때문이다.

결국 부부는 다행히 준비되어 있었던 햇반으로 저녁을 즐겼다. 재미와 훈훈함으로 끝을 맺는 장면이었다.

다행히 햇반을 이해해줄 수 있는 남편이기에 상황을 모면할 수 있었지만 중요한 손님을 초대하는 자리였다면 굉장히 난처한 상황이었을 것이다. 먹는 일이기에 웃으면서 넘길 수도 있는 사건이지만 생사가 걸린 문제라든가, 중요한 계약으로 연결될 수 있는 상황이었다면 어떻게 됐을까? 난 이 프로그램에서 많은 것을 깨닫게 된다. 일에는 우선순위가 있고 그건 매우 중요한 것이라는 것을 말이다.

가끔 질문을 받게 된다. 급한 일을 먼저 해야 할 것인가? 중요한 일을 먼저 할 것인가? 우리 몸은 의식적으로 급한 일을 먼저 하는 습성이 있다. 당장 급하기 때문에 안 하면 큰일 나는 것처럼 느껴지기 때문이다. 『1% 직장인들의 자기경영노트』에서 엄광운 작가는 말한다. 직장 생활을 하다보면 누구나 바쁘다. 쓸데없이 바쁜 직장인이 있고 쓸데 있게 바쁜 직장인이 있다고 한다. 하지만 어떤 직장인은 성과가 있고 어떤 직장인은 성과 없이 바쁘다고만 한다. 보통 바쁜데 성과를 내지 못하는 사람의 성향은 대부분은 급한 일부터 처리하는 사람들이라고 말한다.

나도 이 말에 동감한다. 나도 20년간 긴 직장 생활을 하면서 똑같이 항상 바쁘게 일했다. 하지만 오히려 짧은 시간 일하는데도 성과를 잘 내는 직원이 있는가 하면 야근하면서 성과 없이 일하는 직원이 있다. 일 잘하는 직장인들의 특성을 보면 정말 중요한 일에 집중하고 그 일을 먼저 해결해나간다. 능력은 일의 우선순위를 잘 정하고 지혜롭게 잘 처리하는데 있기 때문일 것이다.

중요한 일에 우선순위를 두고 집중하는 난 프로다

지금 하고 있는 일은 내가 사명감을 가지고 목표를 가지고 하는 일이다. 또한 내가 꿈꾸는 일 또한 포기할 수 없는 일이다. 그 외에도 많은 사람들과의 만남도 중요하고 자녀를 셋이나 키워야 하는 엄마로서의 역할도 매우 중요하다. 내 몸은 한 개이고 주어진 시간도 다른 사람과 똑같이 24시간이다. 어느 날 내가 그렇게도 원하는 꿈을 이룰 수 있는 계기가 되어 시작하게 되었다. 내가 현실을 살고 있는지 의심이 갈 정도로 행복한 시간을 보내고 있었다. 그런데 어느 순간 난 모든 일은 제쳐두고 내가 그렇게 원하고 꿈꿔온 일에 온 시간과 열정을 쏟아 붓고 있었다. 많은 중요한 일을 제쳐두고 말이다. 중요한 회사일도 구멍이 나기 시작했다. 가족 간의 갈등도 생기기 시작했다. 아이들과 눈을 마주친 적이 언제인지 모를 정도로 난 내가 하고 싶은 일에 빠져들고 있었다.

　그러다 보니 한순간 이 모든 것이 부담으로 오는 순간이 왔다. 일도 꿈도 모든 것을 놓아 버리고 싶은 순간 말이다. 왜 이렇게 열심히 살아야 할까? 그냥! 그냥! 편하게 살면 안 될까? 그 순간 부정의 속삼임이 나를 자꾸 늪으로 인도하고 있었다. 포기해, 그냥 포기하고 놀고 싶은 데로 쉬고 싶은 데로 살라고….

　다음날 아침 읽은 긍정의 글에 나에게 주는 메시지가 있었다. 나비가 되기 위해 애벌레의 삶은 포기하는 것, 애벌레가 죽는 것 같지만 그것은 겉모습에 불과하다. 나비로 다시 태어나서 훨훨 날 수 있다는 것이다. 내가 간절히 원하는 걸 얻기 위해서는 지금의 나를 버리는 것이 필요하다.

성공은 고통과 힘듦이란 옷을 입고 오기 때문에 그게 기회임을 모르는 것이다. 난 성공으로 가는 길에 통과해야 하는 하나의 관문을 만난 것이다. 돌아갈 것이 아니라 이 문을 통과하는 지혜로움을 발휘해야 할 때인 것이다.

어떤 일에 있어서 집중하고 빠져드는 것은 나쁜 것은 아니다. 하지만 지금의 정작 중요한 일을 놓치고 있는 것은 지혜로운 사람의 방식도 성공한 사람의 방식도 아니다. 또한 결코 나만의 방식도 아니다. 지금의 하는 일과 가족, 아이들은 내가 꿈을 이루어갈 수 있는 기반이 되어 주는 것들이다. 그것을 무시하고 내 꿈만을 위해서 살아간다면 그게 무슨 의미가 있을까?

난 해야만 하는 일도 많고 하고 싶은 일도 많다. 그렇다면 이 순간 어떻게 해야 할지 고민이 되었다. 내가 내린 결론은 바로 일의 우선순위를 정하고 주어진 시간 동안 그 일을 효율적으로 잘 해나가는 것이다.

무엇보다 지금 하는 일을 열심히 하고 일에서 성과를 내는 것이 첫 번째로 중요하다. 난 근무 시간 동안은 일에 최대한 집중해서 성과를 끌어올리기로 마음먹었다. 내가 읽고 싶은 책은 아침시간과 점심시간 자투리 시간을 활용하면 되는 것이다. 책은 항상 가방 속에 2권 정도 가지고 다니면서 수시로 읽으면 효율적이다. 내가 하고 싶은 꿈을 위한 시간 투자는 퇴근 시간을 활용하여 적극적으로 하면 된다고 마음먹었다. 아이들과 가족의 소통도 잊지 않고 하기로 마음먹었다.

미국의 철학자 윌리엄 제임스는 가장 위대한 발견은 "인간은 마음가짐을 바꿈으로써 인생을 바꿀 수 있다."는 것이라고 말했다. 내가 그 순간 힘들다고 포기하면 나는 일도 꿈도 아무것도 이루지 못하고 포기했을 것이다. 하지만 새로운 마음을 가짐으로써 또 다른 방법을 찾은 것이다. 너무나 바쁜 일상 속에서 놓치고 가는 소중한 일들이 너무도 많다. 조금만 생각을 바꿔서 일의 우선순위를 정하고 차근차근 해나간다면 방법은 생긴다. 똑같이 주어진 24시간을 어떤 사람은 48시간처럼 쓸 수 있는 지혜로운 방법을 얻게 될 것이다.

06

나쁜 습관을 버리고 좋은 습관을 가져라

오랫동안 꿈을 그리는 사람은 마침내 그 꿈을 닮아간다.
－앙드레 말로(Andre Malraux)

나쁜 습관 고치기

우린 매일 같은 비슷한 일상을 반복해서 살아간다. 아침 출근을 하기 위해서 알람을 맞추고 알람소리에 깨고 다시 한 번 알람을 맞추고 또 다시 깨었다가 두 번 정도 반복되면 무거운 몸을 이끌고 출근을 준비하는 과정은 매일의 비슷한 일상이다. 일어나는 시간, 이동경로, 화장하는 방법, 옷 입는 행동 하나하나가 하루하루 반복된 일상 속에서 습관처럼 정형화되어 있다. 출근 준비를 마치고 시계를 보는 습관 역시 하나의 습관처럼 되어 있다. 정확하리만큼 항상 같은 시간대를 가리키고 있다. 그리고 나서 자연스레 가방을 챙기고 나가는 시간대 또한 매일 아침 비슷하다. 그렇기에 엘리베이터에서 아침마다 마주치는 주민들 또한 똑같은 사람들이다. 그래서 우리는 많은 사람들이 매일의 반복된 시간과 일상 속에서 습관처럼 살아가고 있다는 것을 너무도 잘 안다.

20살부터 직장 생활을 하는 난 출근 시간이 빨랐던 터라 아침밥을 먹지 못하고 출근하는 습관이 있었다. 20년이 지난 지금까지도 그 습관을 고치지 못하고 있다. 건강을 챙기는 습관 중에 아침밥을 조금이라도 먹어야 한다는 정보를 너무도 많이 접하지만 난 아직도 그 습관을 고치지 못하고 아침을 거르고 있다. 아침에 출근하면 컴퓨터의 전원을 켜놓고 제일 먼저 하는 일이 커피를 타는 일이다. 팔팔 끓인 물에 믹스커피 한잔은 아침식사보다 든든한 아침이었던 것이다. 건강보다는 순간의 편안함과 달달함이 나에게는 행복이었다.

지금은 커피가 없으면 하루 시작하기가 불안할 정도로 커피 중독이 되어 있다. 건강에 나쁜 줄은 알지만 고치기가 쉽지 않다. 고치려 애쓰기보다는 고칠 결심을 하지 않는 것이 문제인 것이다.
『아주 작은 습관의 힘』의 저자 제임스 클리어는 어떤 습관을 자신의 무기로 만들기 위해서는 딱 네 가지만 기억하면 된다고 한다. 바로 '행동 변화의 4가지 법칙'인데, 모든 습관은 분명하고, 매력적이고, 쉽고, 만족스러워야 한다는 것이다.

좋아하는 커피를 끊는다는 것은 나로서는 쉽지 않은 일이고 썩 만족스러운 일이 아니기 때문에 고치기 힘든 습관 중에 하나이다. 아침에 먹는 커피 한잔이 나에게는 오히려 하루를 깨우는 산소만큼 중요한 존재이기 때문이다.

그렇다면 나에게 분명하고 매력적이면서 쉽고 만족스러운 좋은 습관을 만들어 보는 건 어떨까? 고민 끝에 한 가지 좋은 해답을 찾았다. 그것은 바로 아침마다 긍정의 글을 매일 읽는 것이다. 매일 아침 출근하고 책상에 앉아 커피를 즐기는 그 시간을 이용해서 좋은 글을 읽는다면 나에게 하루가 얼마나 좋은 영향을 줄까?

좋은 습관은 성공의 지름길이다

좋은 습관은 반드시 성공의 길로 가는 길에 도움을 준다는 것을 너무도 잘 알기에 난 내 방식대로 방법을 만들어 보기로 했다. 먼저 다른 직원보다 출근을 빨리하는 것이다. 조건은 내가 나와의 약속을 오랫동안 지켜나갈 수 있는 무리되지 않는 시간이어야 한다. 혼자 있는 조용한 사무실 매일 아침 내가 좋아하는 커피 한잔을 마시면서 긍정의 글을 읽는다. 긍정의 글은 나에게 더욱더 긍정과 열정을 불러 일으켜주는 성공마인드를 주리라 확신한다.

난 나와의 약속을 한 후 지금까지 단 하루도 빠짐없이 출근하는 날은 습관처럼 긍정의 글을 읽는다. 긍정의 글을 통해서 더욱더 성장하는 나를 발견할 수 있었고 열정이 생기고 꿈을 이루어가는 가운데 긍정의 힘이 생겼다. 더불어 이 긍정의 힘을 나 혼자가 아닌 지인과 많은 사람들과 나누는 여유가 생겼다. 이 또한 3년 넘게 이어온 하나의 좋은 습관이 되었다.

나의 작은 목표 중 하나인 나 아닌 지인이나 다른 분들에게 좋은 영향을 주는 사람이 되고 싶은 것을 작게나마 이루어가고 있어서 감사하다. 좋은 습관은 삶을 건강하게 해주고 활력을 불어 넣어 주는 에너지임이 분명하다.

나의 많은 지인 중에 사업을 하시는 분이 계신다. 사업을 하다보면 많은 어려움과 해결해야 할 일들 때문에 스트레스와 고민 속에 살아가는 경우가 많다. 매일 해결해야 하는 일들이 많고 풀어야 할 과제들도 많아 보인다. 하지만 이 지인은 항상 웃고 긍정적이시다. 처음에는 '일이 잘 해결이 되었구나! 그래서 밝으시구나!'라고 생각했었다. 하지만 알고 보니 일은 진행 중이었다. 그래도 항상 평안을 유지하고 긍정적인 생각을 가지고 있었다. 난 궁금했다. 그렇게 일이 해결되지 않았음에도 평안과 긍정을 유지할 수 있는 방법을 물었다.

지인은 대답했다. "세상에는 안 되는 일이 없다. 된다고 생각하고 긍정의 마음으로 믿고 가야 된다."고 말이다. 가는 과정이고 해결하고 나면 내가 성숙되었다는 것을 느낀다고 말이다. 이것도 하나의 습관이다. 모든 생각을 된다는 긍정의 마음으로 이끄는 마음, 할 수 있다는 마음을 먹는 좋은 습관인 것이다. 그렇기에 지인 또한 성공한 사업가가 되었고 앞으로도 더욱 성장하는 기업의 CEO가 되리라 믿는다.

성공하는 사람들 또는 세계 1%부자들의 공통점은 성공하는 좋은 습관들이 있다는 점이다. 습관이란 것은 상황에 따라 행동하는 것이 아닌, 때와 장소, 여건을 가리지 않고 매일 꾸준히 실천하는 자동적이고 습관적이며 정형화되어 있는 행동을 말한다.

팀 페리스의 『타이탄의 도구들』은 최고의 자리에 오른 사람들의 61가지 성공 비밀을 기록한 책이다. 여기에서 승리하는 아침을 만드는 5가지 의식이 눈에 띈다.

1. 잠자리를 정리하라. 3분
2. 명상하라. 10~20분
3. 아침을 일찍 맞이해라.
   잠을 깨울 수 있는 동작을 5~10회 반복하라. 1분
4. 차를 마셔라. 2~3분
5. 아침 일기를 써라. 5~10분

예전의 나는 아침에 알람을 여러 번 껐다 켜고 정신없이 준비하고 출근했다. 이런 나의 모습과는 너무나 대조적이다. 예전의 부정적인 나였다면 '이미 성공했으니까, 저 사람들은 시간이 많은 사람들이니까, 조건이 되는 사람들이니까 가능하겠지.'라고 그들만의 이야기라고 생각했을 것이다. 하지만 이제는 아니다. 많은 성공자들은 성공해서 좋은 습관을 가진 게 아니라 좋은 습관을 가졌기에 성공을 이룰 수 있었던 것이다. 매일매일 하는 반복적인 일상에서 좋은 습관은 인생을 바꾸는 행동임에 틀림없다. 나만의 좋은 습관을 찾고 나쁜 습관을 하나씩 개선을 나가는 지혜가 필요하다.

07

중요한 것은 재능이 아니라 지속이다

우연은 항상 강력하다. 낚시 바늘을 항상 던져두라.
전혀 기대하지 않는 곳에 물고기가 있을 것이다.
– 오비디우스(Publius Naso Ovidius)

천재는 태어나는 것이 아니라 만들어지는 것이다

평범한 삶이 가장 행복한 삶이라 믿고 가장 평범하기를 간구했던 나에게 성공이란 특별한 사람이 가지는 특권이라 생각했다. 유명한 음악가, 운동선수, 연예인, 사업가 각각의 성공한 사람들을 보면 그들에게 그들만이 가지고 있는 천재성이 있기에 가능했다고 믿었기 때문이다.

난 너무도 평범하고, 음악도 특출하게 잘하지 못하고, 그렇다고 그림을 잘 그리지도 못하며, 또 운동도 잘하는 게 없기 때문에 내 목표는 그야말로 평범한 삶이라도 유지하는 것이었다.

하지만 이제 어느 정도 세상에 나와서 나이 좀 먹었다고 명함은 내밀지 못하지만 40년이란 세월 속에서 많은 걸 경험하고 느껴온 삶에서 성공을 다른 관점으로 보는 눈이 생겼다.

나는 특히나 음악에 소질이 없기 때문에 음악을 잘하는 사람을 보면 천재에 가깝다고 믿었다. 하지만 그 천재라 불릴 수 있는 사람 뒤에는 숨어 있는 뼈저린 노력이 있었다는 것을 알게 되었다. 유명한 바이올리니스트 사라사데는 말했다.

"37년간 하루도 빠짐없이 14시간씩 연습했는데 그들은 나를 천재라고 부른다."

난 이 말을 듣고 정말 미안하다는 생각이 들었다. 그들이 타고난 천재라고 생각하고, 그들의 노력을 인정하지 않았으니 말이다. 부모님의 피를 잘 물려받아서 천재로 태어난 것을 부러워할 줄만 알았다. 난 왜 천재성이 있는 부모의 피를 물려받지 못했을까 하는 원망을 가슴속에 품고 살았으니 말이다. 나에게 천재성을 주었다면 얼마나 교만하게 어깨를 들썩이고 다녔을까? 나 자신에게 부끄럽고 수많은 노력 끝에 성공한 그들에게 미안함 마음을 전하고 싶다.

난 2010년 동계올림픽에서의 김연아 선수를 잊지 못한다. 당시 난 회사를 다니고 있었다. 온 대한민국이 김연아 선수의 금메달에 열망하고 있을 때이다. 그래서 근무 시간 김연아 선수의 금메달을 기대하며 직원들이 올림픽 경기를 같이 시청했다. 난 피겨스케이트 신발 한번 신어보지 않았다.

하지만 대한민국 최초 금메달 도전인 만큼 가슴 떨리며 볼 수밖에 없었던 것이다. 파란 드레스를 입고 얼음판 위에서 파란 나비 한 마리가 춤추듯이 연기를 하는 모습은 참으로 피겨 스케이트를 모르는 나조차도 매료시켰다. 외신에서 나오는 칭찬은 대한민국 국민으로서 참으로 자랑스러웠다. 실수 없이 멋지게 경기를 마치고 참았던 눈물을 쏟아내는 김연아 선수를 보면서 나도 함께 울컥했던 순간이 지금도 기억에 생생하다. 전 국민으로부터 받는 부담감이 얼마나 컸을까? 저 어린 나이에 말이다. 또한 여기까지 오는 과정이 얼마나 힘들었을까? 연습 도중 발목 부상 등으로 포기하고 싶은 순간이 얼마나 많았을까? 그것이 한꺼번에 터진 듯 보였다. 여기까지 올라오는 과정에 수천 번의 연습이 있었을 것이다. 똑같은 자세를 또 연습하고 또 연습하고 했을 것이다.

얼마나 힘든 고통이 있었을까? 말하지 않아도 짐작이 간다.

"계속하는 놈은 당해낼 재간이 없다."라는 말이 있다. 그만큼 한 가지를 지속적으로 하는 사람들은 그 분야에서 완전한 전문가가 될 수밖에 없는 것이다. 우리가 가장 많이 실패하는 이유 중 한 가지는 중간에 포기하기 때문이다.

퇴직 후 처음 배운 운동이 골프이다. 처음에 골프는 나에게 신비로움과 함께 재미를 선사해주었다. 나에게 시간 투자하기로 한 나는 매일 3시간씩 연습하기로 마음먹고 몇 개월간 하루도 빠짐없이 3시간씩 연습을 했다. 초보인지라 그렇게 해야만 하는 줄 알았기에 3시간씩 시간을 맞춰가며 열심히 연습을 했다. 연습장 안에서 같이 운동하는 선배들은 열심히 연습한 나에게 많은 격려도 해주곤 했다. 연습하는 것 또한 나에게는 전혀 어려운 일이 아니었다. 하루하루 실력은 쌓여갔다. 그러던 중 몇 개월이 지난 어느 날 선배들과 경기를 하게 되었다. 신기하게도 초보인 나는 선배들만큼 공을 잘 맞혔다. 정말 잘한다고 칭찬해주었다. 오히려 선배들이 긴장해야겠다고 나의 기를 세워주었다. 여성 치고 거리도 많이 나간다고 해주었다. 공이 척척 맞는 그 순간은 너무도 희열이 느껴졌다.

그러다 보니 필드를 나가는 횟수도 많아지고 필드 나가는 것이 참으로 재미있었다. 이제 어느덧 필드 나가는 맛에 길들여져 있었던 것이다. 어느 날부터인가 연습이 참 재미가 없어졌다. 연습장에 가면 선배들과 경기만 겨우 하고 집에 오는 날들이 많아졌다. 프로님이 연습을 하라고 권유하셨다. 아직 초보니까 연습 안 하면 자세가 무너진다고 주의를 주셨다. 하지만 당장 선배들과 경기하는 게 불편하지 않으니 연습이 소홀해질 수밖에 없었다. 역시 프로님의 예상은 적중했다. 어느 날 잘 맞던 공이 맞지 않기 시작했다. 어느 날은 드라이브가 안 맞더니 또 어느 날은 아이언이 안 맞았다. 오늘만 안 맞을 거야! 내일 다시 해보지 뭐! 역시나 공이 잘 맞지 않았다. 이제는 골프가 스트레스가 되기 시작했다. 그러다가 결국 하루 이틀 연습장을 안 나가게 되고 난 아직도 골프 초보를 벗어나지 못하고 있다. 나의 40대 이전 삶의 모습처럼 말이다.

나랑 비슷하게 운동을 시작한 언니들 두 명이 있다. 언니들은 현재까지 꾸준히 연습장을 다니면서 연습과 필드를 병행하고 있다. 가끔씩 안부를 물으면 이미 언니들은 훨씬 성장해서 재미있게 운동하고 있었다. 조금은 후회가 되었다. 처음 배울 때부터 지금까지 지속적으로 연습하고 했다면 난 지금도 재미있게 골프를 하고 있을 텐데 말이다.

어떤 일이나 배움에 있어서 지속적이고 꾸준한 것은 따라가지 못한다. 꿈을 이루고 성공을 이루는 사람들은 끊임없이 한결같이 달렸기에 가능한 것이었다. 그 분야에 최고가 되기 위해서는 타고난 재능이 중요한 것이 아니다. 지속적으로 포기하지 말고 해야 한다. 천재 농구 선수 마이클 조던 역시 이런 말을 했다. "나는 9000번의 골 시도에 실패했다. 게임에서 300번이나 졌다. 게임의 중요한 슛을 맡았지만 26번이나 놓쳤다. 나는 계속해서 실패를 거듭했다. 이게 내가 성공한 방법이다."

수많은 실패를 통해서 다시 도전하고 또 다시 도전하고 될 때까지 도전하면 안 되는 것은 아무것도 없다. 내가 다시 도전하지 않을 뿐이다.

5장

마흔이 된 당신에게,
마흔이 될 당신에게

01

진짜 인생은 마흔 살부터이다

오늘을 붙잡아라. 최대한 즐겨라. 다가오는 오늘을. 찾아오는 사람들을.
나는 과거가 있기에 현재에 감사할 수 있다고 생각한다.
공연히 미래를 걱정해서 현재를 망치고 싶지 않다.
– 오드리 헵번(Audrey Hepburn)

꾸밈없는 마흔, 성숙함이 있는 마흔이 아름답다

가끔 재밌게 보는 TV 프로그램이 있다. 〈불타는 청춘〉이라는 프로그램이다. 중견 스타들이 서로 자연스럽게 알아가며 진정한 친구가 되어가는 과정을 담은 리얼리티 프로그램이다. 나의 20대 시절 청춘스타들이 어느덧 나와 같은 중년이 되어 홀로된 남녀들이 만나 자연스럽게 친구가 되어가는 프로그램이다. 어떤 프로보다 편안함과 자연스러움이 있어서 재밌게 보는 이유중의 하나이다. 20살 시절의 젊은 때의 우리들은 나를 감추고 나를 예쁘게 포장하고 나를 들어내지 않았다면 〈불타는 청춘〉의 주인공들은 꾸밈없는 자연스러움. 솔직함이 매력으로 다가온다. 청춘이란 세월을 거쳐 수많은 삶의 고통과 힘듦을 한 번쯤은 겪어봤을 나이기에 어떠한 꾸밈과 가식도 없다. 그것들의 의미 없음을 그들도 알기 때문일 것이다.

20대 시절 나는 고등학교 친구와 쇼핑을 항상 함께하곤 했다. 백화점 에스컬레이터를 타고 1층부터 차례로 올라가면서 옷 천국으로 설레는 마음을 안고 올라간다. 당시 우리의 옷 천국은 5층이었고 4층은 중년여성들이 즐겨 입는 정장 옷이 고급스럽게 진열되어 있었다. 고급스러움이 묻어나는 옷이지만 우리에게는 전혀 욕심나지 않은 옷임은 분명했다. 난 친구에게 한 말을 지금도 기억하고 있다. "친구야! 우리도 이 옷이 예쁘다고 느껴질 나이가 오겠지. 난 싫을 거 같은데 그 나이가 우리에게도 오겠지." 하고 말이다. 나와 친구한테는 전혀 올 것 같지 않은 나이, 40대 마흔의 나이 말이다.

얼마 전 친구와 함께 백화점을 갔다. 옷을 사기 위해서 말이다. 이제는 마흔이 넘은 친구와 나는 즐겨 찾던 20대 옷이 우리 옷이 아님을 바로 직감한다. 어느덧 고급스럽고 우아한 옷에 눈이 가고 손이 가기 때문이다. 예전에 했던 대화가 무색하리만큼 어느덧 우리는 그 옷에 흠뻑 빠져 쇼핑을 하는 것이 신기한 듯 한바탕 웃고 친구와 쇼핑을 했다.

쇼핑한 친구가 며칠 후 점심을 먹자고 연락이 왔다. 반가운 마음에 약속을 하고 친구를 만났다. 친구가 점심을 먹고 내 앞에 무언지 모를 상자를 꺼내 놓았다. 무엇인지 물었더니 그 자리에서 풀어보라고 했다. 너무도 예쁜 목걸이, 반지 세트였다. 난 깜짝 놀랐다. 이 큰 선물을 왜 나에게 주는지 물어보았다. 주고 싶어서 친구와 똑같은 걸로 한 세트 더 주문했다고 한다. 친구와 나는 같은 고등학교를 졸업한 후 난 회사에 입사를 했다. 돈을 먼저 번 내가 친구에게 금목걸이를 해주었는데 그것을 지금까지 간직하고 있었다. 지금은 값어치가 얼마 안 되는 목걸이지만 그 당시 친구는 금목걸이를 나를 통해서 처음 받아보았다고 했다. 친구는 그것보다 몇 배로 좋은 걸 나에게 선물로 주었다. 이 목걸이의 상징은 부와 행운을 뜻하는 것이라고 하여 준비를 해준 것이다. 목걸이의 가격보다 나에게 부와 행운을 주고 싶어서 선물을 준비한 그 마음에 난 또 한 번 감동했다.

2, 30대의 우리에게는 때로는 질투도 성냄도 있었다. 이제는 어느덧 성숙한 어른이 되어 내가 잘되는 것처럼 네가 잘되기를 바라는 진정한 마음이 있고 내 몸처럼 친구 몸이 소중한 그런 존재가 되어 있었던 것이다. 순간 난 너무 행복했다. 나도 늘 이 친구가 잘되기를 바라고 건강하기를 바라고 뭐든 이루기를 바라는 마음이 간절했던 터라 고맙고 너무 행복했다. 진짜 우리가 어른이 되어 감을 다시 한 번 느끼는 날이었다.

출근하는 이른 아침 미국에 사는 친구가 전화하자마자 주민번호를 불러달라고 했다. 주민번호를 불러주고 통화를 일찍 종료했다. 친구가 전화를 끊자마자 문자 메시지를 남겼다. 사실 미국에 사는 친구는 올해가 남편의 안식년이다. 그래서 지금 여러 나라를 여행 중이다. 뉴욕에 살고 있지만 지금은 캘리포니아 주에서 휴식을 보내고 있다고 했다. 고등학교 시절 덩쿨벗 모임 중의 한 명이다. 여행 도중 키홀더가 너무 예뻐서 한국에 있는 친구들에게 주려고 세 개를 사서 택배로 부치는데 받는 사람 주민번호가 필요했던 것이다. 한 동안 잊고 연락 없이 지내온 세월들이 있었다. 아이 키우느라 정신없었고 회사 일에 정신없어서 친구가 없는 우리들이었다. 어느새 아이들이 성장하고 나를 생각하는 시간이 왔다. 친구를 생각하고 친구를 챙기는 나이가 왔다. 고등학교 시절의 깊이와는 뭔가 다른 깊음이 있다. 말하지 않아도 알 것 같은 친구의 마음, 주고 또 주고 싶은 마음, 넉넉한 마음이 있어 참으로 행복한 지금이다.

30대로 돌아가고 싶지 않은,
50대에서 돌아오고 싶은 마흔이기에 행복하다

내 나이 정확히 마흔 살에 직장을 그만두었다. 마흔 살에 새로운 일을 접했을 때 난 가장 어린 나이였다. 직장 선배의 말이 "나도 10년만 젊었으면 좋겠다."라는 말을 너무도 많이 들었다. 그 당시 난 그 말을 이해할 수 없다. 20년, 30년 전 젊음으로 돌아가야지 왜 40대인지 의아했기 때문이다. 지금은 그 말은 조금은 이해할 수 있을 것 같다. 20대 시절 우리는 선택의 여지없이 사회 조직의 일원으로써 그곳에서 주어진 삶대로 살아야 했고 결혼이라는 큰 숙제로 인한 혼란 등으로 힘들었다. 30대 또한 결혼으로 인한 새로운 환경에 적응해야 하고 아이를 출산함으로 인해 나 아닌 다른 삶으로 살아야 했던 시절이었음을 누구보다 잘 알기 때문이다.

2, 30대 시절은 누구나가 그렇게 살지 않으면 안 되었다. 40대인 지금은 그것에서 비교적 자유로운 나이가 되었다. 가장 활발하게 움직일 수 있는 나이이며 또한 열정이 다시 한 번 넘치는 나이라고 해도 과언이 아니기 때문이다.

나는 그 말 속에서 엄청난 비밀을 발견했다. 그럼 난 선배들보다 10년의 시간을 번 셈이다. 선배들이 또는 50대를 살아가는 사람들이 그렇게도 돌아가고 싶은 10년의 과거에 난 타임머신을 타고 돌아온 것이나 다름없다. 그렇다면 지금의 40대를 난 어떻게 보내야 하는지도 얼마나 귀중한 시간인지도 알기에 지금 이 순간 행복하게 열정을 다할 수밖에 없는 것이다.

난 짧은 스커트를 좋아한다. 밝고 명랑해보이기 때문이다. 20대에도 좋아했고 30대에도 좋아하고 지금도 좋아하는 건 마찬가지이다. 때로는 마흔 살에 입는 짧은 스커트가 철이 없어 보이지는 않을까, 주위 시선이 따갑지는 않을까 고민하지 않고 즐겨 입는다. 마음만큼은 20대의 발랄하고 명랑했던 시절을 잊지 않는 또 하나의 방법이다. 지금 마흔 살을 사는 나는 다시 한 번 건강과 열정이 넘쳤던 20대를 시작하는 것이다. 두 번째의 20대를 살아갈 것이다. 사회적으로 조직적으로도 구애받지 않는 20대, 결혼이라는 큰 숙제를 하지도 않아도 되는 20대, 출산과 육아를 하지 않아도 되는 20대를 나는 다시 살아가는 것이다. 이제는 내 꿈과 목표를 위해서 달릴 수 있는 열정이 있고 건강한 몸을 가진 젊은 20대로 말이다.

아픔을 이길 줄도 알고 견딜 줄도 알며 피할 줄도 안다. 아름다움을 볼 줄도 알고 느낄 줄도 안다. 나를 사랑하고 꾸밀 줄도 안다. 가족과의 소통을 통해서 사랑을 전달하고 받을 수 있는 여유도 느끼게 될 것이다. 내가 좋아하는 일을 위해서 밤낮을 뛰어도 행복하고 내가 원하는 꿈도 이루게 될 것이다.

진짜 인생은 스무 살을 두 번째로 사는 마흔 살 지금부터다.

02

마흔에 또 한 번의 기회를 만나게 된다

시간은 우리의 무엇보다 소중한 자산이다.
그럼에도 우리는 시간을 투자하기보다
낭비하고 죽이고 흘려보내는 경향이 있다.
– 짐 론(Jim Rohn)

마흔이란 나이는 어떤 멘탈에도 흔들리지 않는 보증수표다

아이들 초등학교 때 잠깐 시골마을에서 살았다. 우리 아이들의 엄마들이랑 친분도 쌓고 좋은 시간을 보냈다. 그중에서 나보다 나이가 서너 살 많은 지인과 항상 차를 마시고 아이들의 교육에 대해서 얘기하곤 했었다.

어느 해 그 지인이 마흔 살이 되었다. 지인은 나와 다른 지인에게 마흔 살에 대해서 굉장히 많은 얘기를 했던 걸로 기억한다. 마흔 살이 되어보니 새로운 생각이 들고 뭔지 모를 30대와는 다른 감정이 앞선다는 것이었다. 난 그 당시 아무것도 느낄 수 없었기에 어떤 것도 도움을 줄 수 없는 상황이었다. 지금 마흔 살을 살아가는 나로서 지인의 마음을 조금이나마 이해할 수 있을 듯하다. 뭔지 모를 불안감도 있었을 것이다. 진정한 중년의 나이로 접어든 것에 대한 두려움이었을 수도 있다. 아무것도 이루어놓지 않았음에 불안한 마음도 있었을 것이라 생각한다. 그도 그럴 것이 그 당시 지인은 나를 위한 시간이 아닌 아이의 육아에 대한 시간으로 꽉 채워진 시간을 보내고 있었기 때문이다.

마흔이란 나이는 결코 이제는 많은 나이가 아니다. 120세를 살아가는 시대라고 본다면 지금의 마흔은 옛날 20대와 같은 나이라도 해도 과언이 아니다. 결코 인생에서 늦은 때란 없는 것이다. 하지만 마흔은 20대나 30대와 달리 웬만한 일에는 흔들리지 않을 강한 멘탈이 있기에 하나하나 난관을 해결하면서 성공할 수 있다. 이처럼 세상을 어느 정도 살아본 40대의 경험과 멘탈은 20대와 30대가 쉽게 모방할 수 없는 성공의 보증수표다.

나는 많은 사람들을 만나고 있다. 사람들은 자기 생각대로 삶을 살아간다. 70세 되신 어른신과 상담을 하게 되었다. 그런데 70세 정도 되면 세상 사람들이 인정하는 노인이라고 생각한다. 나 또한 순간 그렇게 생각하기도 했다. 그런데 이분은 아직도 일을 하고 있으며 건강하고 젊고 말했다. 순간 당황했지만 틀린 말도 아니기에 그 말을 인정해드렸다.

"맞습니다. 선생님, 지금은 국가에서 인정하는 노인은 75세라고 합니다. 아직도 젊으시죠?" 맞다. 이분은 당신이 생각하신 것처럼 인생을 젊게 사시는 것이다.

그와 반대로 60세만 되어도 나는 늙어서 이제 뭘 아무것도 못한다고 단정하시는 분이 있다. 무엇을 해도 젊어서 해야지 60살 다 된 사람이 무엇을 할 수 있겠냐고 화를 내시는 분들도 종종 있으시다. 인생은 내가 생각한 대로 그대로 살아가는 것이다.

그러니 마흔이란 나이 "이 나이에 무슨?" 혹은 "내 주제에 어떻게?" 하고 미리 포기하고 도전을 시도하지 않는다. 안전을 우선한다. 하지만 너무 늦다고 생각하는 40대라서, 이미 그동안 많이 실패하고 좌절했기에 오히려 성공의 가능성이 있는 것이다. 40대 이후 자신의 꿈을 성취한 사람들의 이야기를 우리는 너무도 많이 접한다. 숱한 도전과 실패를 반복하다가 중장년에 이르러 비로소 결실을 맺은 사람도 있고, 평범하게 살던 사람이 뒤늦게 자신만의 삶을 깨달아 성공의 길을 개척한 사람도 있다. 결코 그들만의 이야기는 아니다. 보면 40대 이후라서 더 유리한 성공 포인트를 깨달을 수 있고, 나 역시 성공할 수 있다는 자신감과 그 성공의 문에 들어서는 길을 얻게 되는 나이가 40대였기 때문이다. 누구나 자신의 인생에서 결코 늦은 때란 없다. 그들이 했다면, 나도 할 수 있다.

새로운 기회를 만나기 딱 좋은 나이 마흔이다

금융업에 종사해서 사무직을 하던 내게 지금의 일은 생각해 볼 수도 없는 일이었다. 지금의 일을 찾을 수 있었던 것은 두려움 없이 새로운 일에 과감히 도전했기에 가능했다. 기회는 우리 주변에 수없이 많은 모양으로 나타난다. 새로운 것을 과감히 받아들이는 자세로 열려 있을 때 기회를 잡을 수 있는 것이다. 세상을 새로운 눈으로 넓은 눈으로 볼 줄 아는 안목이 열리는 나이기에 또 한 번의 기회를 잡을 수 있었다.

전 회사를 퇴직 후 같이 퇴직한 후배를 만나서 점심을 먹었다. 이 후배도 다른 일을 찾아서 일을 하고 있었다. 그리고 부업으로 학생들과 어른들을 대상으로 건강한 성교육 강의를 하고 있다고 했다. 사실은 조금 놀라웠다. 금융업에서 사무직으로 근무한 친구가 전혀 다른 것으로 강의를 한다는 것을 보고 너무 대단하고 놀랍기도 했다.

하지만 후배 이야기를 들어보니 예전부터 공부를 했었고 또한 그쪽에 관심이 많았던 터라 준비하고 있었던 것이었다. 후배가 신나게 이야기를 들려주는 동안 난 너무 재밌고 웃을 수밖에 없는 내용에 다시 한 번 감동했다.

후배가 이런 강의를 할 수 있는 지금이 너무도 좋은 나이였다. 2, 30대에 성에 관련된 내용이면 부끄러워서 얼굴이 빨개지거나 조금은 어려운 얘기일 텐데 40대란 성숙한 나이에 너무도 편안하게 강의한다는 얘기를 듣고 후배가 좋아하는 일을 찾았다는 것에 존경과 축하를 해주었다.

회사에서 만난 입사 동기 친구가 있다. 이 친구 또한 모든 일에 열정이 있고 목표가 있는 친구이다. 지금 새로운 일을 찾아서 너무나 열심히 뛰고 있다. 밤낮없이 열정을 다해서 말이다. 가끔은 차 한 잔 하면서 아이들의 육아를 같이 논하고 미래를 논했던 친구이다. 하지만 지금은 자신만의 목표가 있고 미래를 만들기 위해서 끊임없이 뛰고 있는 것이다.

세상 사람들이 때론 걱정과 우려를 보여도 꿋꿋하게 자신만의 확신을 가지고 뛰고 있다. 난 그 친구가 꼭 성공할 것이라 확신한다. 안정된 먹이를 과감히 놓고 큰 세상 속으로 뛰어든 용감함에 박수를 쳐주고 싶다. 하지만 때론 그 세상이 나를 속일 수 있고 나를 배신할 수 있음도 알기를 바라는 마음. 그것을 알고 때론 넘어져도 다시 일어설 수 있는 용기를 갖길 바라는 마음이다. 우리 마흔이란 나이는 다시 일어설 수 있는 기회가 아직은 있는 나이라 생각하기 때문이다.

나의 40대의 세상은 참으로 놀랍고 신기하고 넓은 세상임에 틀림없다. 예전에 보이지 않던 것들이 보이기 시작하기 때문이다. 나의 갇혀 있는 생각들이 하나둘씩 풀리기 시작하고 두려웠던 마음들이 열리기 시작하기 때문이다.

그래서 내가 하고 싶은 일이 생기고 내가 잘 할 수 있는 것들이 보이기 시작한 것이다. 이것은 세상이 변한 것이 아니라 내가 변하고 있는 것이다.

그 과정 중에 고통은 반드시 따른다. 하지만 기꺼이 받아들이고 해결해 나가는 지혜를 또한 배운다. 과정 중에 인내를 배우며 내가 단단해짐을 배운다.

마흔은 또 한 번의 기회를 만나는 나이임에 틀림없다.

03

뭐든 시작하기 가장 좋은 나이, 마흔

사람은 아무도 다른 사람을 정말로 이해할 수 없고
아무도 다른 사람의 행복을 만들어줄 수 없다.
– 그레이엄 그린(Graham Greene)

마흔이 된 당신에게

마흔이란 나이를 먹으며 지나온 세월 속에서 마흔이란 나이는 나에게 안정과 편안함을 주는 나이가 되었다. 누구의 가르침 없이도 나만의 삶을 꾸려나갈 수 있고 누구의 간섭 없이 나만의 소중한 꿈을 이루어갈 수 있는 나이이며 또한 소중한 인연들을 더욱 소중히 여길 수 있는 마음의 여유를 가질 수 있는 나이이기 때문이다. 마흔이란 나이는 더 이상 사회의 혼란 속에서 갈팡질팡하지 않는, 안정감을 찾을 수 있는 나이인 것이다 책 쓰기 특강을 듣기 위해서 분당을 오간다. 3시간 동안 운전하면서 항상 바빠서 통화를 못 했던 친구들과 긴 통화를 하면서 그동안 못 다한 내용들을 이야기한다. 모든 삶은 순간! 순간! 속에서 배움의 연속이다. 친구들과 통화하면서 나는 항상 늘 배우고 때로는 감사도 알게 되기 때문이다. 친구들과 통화하다 보면 각자의 삶들 속에서 열심히 살아가고 있음을 느낀다. 비교적 결혼 시기가 늦어서 이제야 첫 아이가 초등학교에 가는 친구가 있다. 이 친구는 온통 생각이 아들 학교를 어떻게 보내고 학교를 끝낸 후 학원을 어떻게 보내야 할지로 가득 차 있다. 내가 30대에 했던 고민을 지금 하고 있는 것이다. 나에게 아이 셋을 어떻게 키웠냐고 매번 존경스럽다고 하는 친구이다. 힘듦을 표현하는 것이다.

하지만 친구와 전화 통화를 하다 보면 이 친구 또한 힘든 과정 속에서 행복이 묻어난다. 행복한 고민이기 때문이다. 그런데 이상하다. 내가 30대에 아이들을 키우면서 조급했던 마음, 힘들었던 마음과는 다른 느낌이 있다. 연륜에서 묻어나는 나름의 여유라고나 할까? 나의 아이들이 고등학교, 중학교를 다니고 있는 것이 부럽다고 하소연하기도 하지만 지금의 순간에서 행복한 고민을 하는 친구에게 응원을 보내고 싶다.

또 다른 친구는 고등학교, 중학교를 다니는 자녀가 있음에도 늦둥이 딸을 낳아서 아직도 유치원 생활을 하고 있다. 예쁜 딸과 딸기 따기 체험을 다녀왔다고 즐거운 시간들을 얘기하곤 한다. 큰아이와 둘째 아이를 키울 때와는 달리 여유가 느껴진다. 난 가끔 아이들의 어릴 적사진을 보면서 그 당시는 아이들이 이렇게 예쁜 줄 모르고 키웠다는 생각이 들 때가 너무나 많았다. 사랑스러운 내 아들이지만 그 때만큼은 예쁘기보다는 내가 책임져야 하는 숙제 같은 느낌으로 키웠기 때문이다.

지금의 나이가 되어서 또 다른 행복으로 자녀와 함께 성장하는 것을 보니 기분 좋다. 또한 친구는 아직도 미혼이기에 직장 생활에 온 집중을 하며 살아간다. 아직도 회사는 불만이고 매일이 힘든 직장 생활이지만 쉽게 놓지 못하는 이유를 나는 너무도 잘 알고 있다. 내가 그랬던 것처럼 말이다. 새로운 도전과 변화를 불어넣어주고 싶은 친구다. 또 다른 친구는 직장을 그만두고 자신이 하고 싶은 일을 열심히 하고 있다. 몇십 년 살 인생을 3년, 5년으로 단축해서 살 것이라는 나름의 계획이 있는 것이다.

2, 30대에 그랬던 것처럼 친구들은 또는 지인들은 각자의 삶에 맞게 각자 열심히 살아가고 있었다.

주어진 일에 주어진 환경에 만족하면서 힘들어서 때로는 투정도 부리면서 말이다. 힘듦도 투정도 다 열정이 있는 것이고 살아가는 이유이다. 주어진 삶을 최대한 노력하고 그 안에서 행복을 찾아가면서 살아가는 세상 모든 친구들에게 그래도 나는 권하고 싶다. 그럼에도 불구하고 꿈을 포기하지 말고 꿈을 향해 성공을 향해 나아가라고 말이다. 기회는 지금 우리에게 있고 꿈을 이루기 위한 가장 아름다운 나이라고 말이다. 변화를 두려워하거나 피하지 말고 도전이 필요하다면 과감하게 도전하라고 말하고 싶다.

마흔이 될 당신에게

세상은 이미 미래에 와 있다. 4G휴대폰에 감동하고 놀라서 사용하고 있는 이 순간 이미 누군가는 5G 세상에 살고 있다. 세상은 너무도 빠르게 변하고 있다. 세상 모든 사물이 이제는 빠르게 5G 세상으로 바뀔 것이라고 한다. 날아다니는 자동차가 상용화되고 음식을 그릇에 담으면 칼로리부터 건강에 대한 해로움과 이로움이 체크되는 시대가 금방 온다고 말이다. 그런 세상에서 현실에 갇혀서 그 현실만을 보고 살아가는 것이 때론 안타깝다고 말하는 이들이 있다. 흐르는 물을 거스를 수 없듯이 빠르게 변화하는 세상에 우리의 생각도 행동도 변화에 발 맞춰가야 할 것이다.

회사 다닐 때 난 40대 이후 퇴직한 직원들을 많이 보았다. 정년퇴임이 되기 전에 명예퇴직이라는 이름으로 빠르면 40대 초 또는 40대 중후반에 퇴직한 남자 직원들도 종종 있다. 대기업에서 일할 때는 너무 많은 업무량 때문에 사실상 새로운 일을 준비하는 게 쉽지 않다. 그럴 시간도 마음의 여유도 없으며 회사에서 일할 때는 평생직장이라 생각하고 일하기 때문이다. 안타까운 현실이다. 퇴직 후 그들은 대부분이 작은 사업체를 운영한다. 준비했다기보다는 받은 퇴직금과 명퇴금으로 작은 사업을 시작하는 것이다. 커다란 꿈과 기대를 안고 시작하는 사업일 것이다. 하지만 준비 없이 시작한 사업의 성공여부는 불 보듯 뻔하다. 사업이 그렇게 번창하지 못한다. 아니 퇴직금이 잘 남아 있으면 다행이다. 그런 상황을 볼 때마다 안타까움이 있다.

직장 생활이 평생의 내 직장이 될 수 없음을 알아야한다. 우린 퇴직 후에도 너무도 긴 시간을 집에서 보내야 한다. 지금의 직장이 평생 나를 먹여살려줄 거라는 착각에서 벗어나야 한다. 회사에 다닐 때 회사에서는 문화생활비를 지원하며 자기 계발을 권유했다. 어떤 직원은 영어 공부를 또 어떤 직원은 수영을, 피아노를 또는 일본어 공부를 하면서 각자의 자기 계발을 위해서 시간을 투자했다. 나 역시 일본어를 선택해서 공부를 한 적이 있었다. 하지만 회사에서 지원하는 비용이라 쉽게 생각하고 열중하지 않았다. 일본어를 당장 쓸 수 있는 환경이 아니기 때문에 쉽게 포기했다. 그러다가 또 다른 것을 해보고 조금만 힘들고 귀찮으면 다른 것을 시작하고 포기하고를 반복했다.

이 배움에서 실패할 수밖에 없는 두 가지 요인이 있다. 첫째는 내 돈이 들어가지 않는 것이다. 내 돈이 투자되지 않았으니 해도 그만 안 해도 그만이라는 안일한 생각이 있었다. 둘째는 그 배움에 대해서 간절함이 없었다는 것이다. 배우고자 하는 간절함이 없었기에 이 배움은 일보다 중요하지 않았고 회식보다 중요하지 않았고 친구를 만나는 일보다 중요하지 않았던 것이다.

어떤 상황이든 배움은 참으로 값진 것이다. 시간은 금이라는 표현은 많이 쓴다. 하지만 정작 기회가 있을 때 기회로 보지 않는다. 배움을 게을리 한다. 그렇기에 준비하는 것에 게을리 하고 주어진 시간을 중요하게 생각하지 않는다. 그래서 대부분의 많은 퇴직자들이 퇴직 후 성공적인 제 2의 인생을 준비하는 것이 쉽지 않은 것이다.

준비할 수 있는 날은 언제나 항상 있지 않다. 주어진 시간을 가장 효율적으로 쓸 수 있는 것은 그 시간에 최선을 다하는 것이다. 공부를 잘하는 학생은 국어 시간에 수학 공부를 하지 않는다. 국어 시간에 국어 공부에 최선을 다한다. 우리도 마찬가지여야 한다. 주어진 시간 동안 그 시간에 최선을 다하는 것이다. 배움의 기회가 주어졌을 때 그 배움에 온갖 정성을 다해야 한다. 시간의 가치를 소중하게 알아야 한다. 그래야 우리는 소중한 시간을 금처럼 쓸 수 있고 예상치 못한 일들이 다가왔을 때 변화를 지혜롭게 받아들일 수 있다.

인생의 중반쯤 왔다고, 젊은 시절이 다 갔다고, 공부할 수 있는 때가 지나갔다고, 걱정마라. 이제야 무엇을 배울까 고민하지 마라. 이제야 무엇을 시작할까 고민하지 마라. 늦었다고 생각할 때가 가장 빠르다고 하지 않는가?

무엇을 시작하기 가장 좋은 나이 마흔을 맞이할 것이다! 수없는 실수와 실패의 경험들을 충분히 쌓아온 사연의 보따리들이 있지 않은가? 풀다가 틀린 문제를 다시 틀리지 않으면 되는 것이다. 내가 무엇을 하려고 마음먹었다면 마흔이 되기 전에 결정해서 움직여야 한다.

그 결실의 열매를 마흔이 되어서 볼 수 있을 것이다.

04
길고 긴 인생! 마흔까지는 연습이다

자식을 키우다 보면 그 역설과 부조리함에 웃게 될 때가 있다.
하지만 때로는 순수하게 기뻐서 웃기도 한다.
– 바바라 샤피로(Barbara Schapiro)

모든 것이 처음이었던 2, 30대

아이들을 키우면서 SNS를 통해서 나와 아이들의 일상을 담아놓은 추억거리가 있다. 훌쩍 커버린 아들 셋을 보면서 가끔씩 어린 시절이 그리워지면 그 일상 속으로 빠져들어 가곤 한다. 그 당시는 그렇게도 힘들었던 시절인데 지금은 그것이 웃음거리가 되고 추억이 된다. 돌아가고 싶진 않지만 가끔은 그리운 것은 어떤 마음인지 나도 잘 모른 채 말이다. 그 마음은 아마도 뭔지 모를 아쉬움, 지금이라면 그렇게 하지 않았을 텐데 하는 후회가 있어서 일지도 모른다. 하지만 난 나를 채찍질하고 싶지 않다. 지금까지 충분히 열심히 살아왔고 최선을 다했기 때문이다.

우리 가족은 주말이나 연휴가 시작되면 아이들을 데리고 산과 들, 계곡으로 열심히 여행을 다녔다. 아이들을 위한 나름의 교육이라 생각했다. 하지만 아이들을 위한 여행이라고 이름 지었지만 여행을 계획할 때 아이들과 상의해본 적이 없다. 남편과 내가 가고 싶은 곳, 다른 사람들이 좋아하는 곳으로 장소를 정했다. 내가 좋아하는 꽃 구경이 위주였다. 아이들은 매년 보는 꽃을 왜 또 보냐고 불만이었다.

시골에서 자란 나는 드넓은 자연을 좋아했기에 고창 청보리 축제도 빼놓지 않고 다녔다. 우리 아이들이 물었다. 이 풀밭을 왜 봐야 하냐고 말이다. 그럴 때면 이 넓고 푸른 자연을 보라고 핀잔을 주기도 하면서 짜증내는 아이들을 구슬 아이스크림으로 달래곤 했었다.

그래서인지 우리 아이들은 여행을 좋아하지 않는다. 그렇게 여행을 다녔는데도 여행의 참맛을 모르는 것이다. 여행이란 새로운 것을 경험하고 새로운 것을 맛보고 떠남의 즐거움을 알아야 하는데 엄마 아빠 위주의 여행이었으니 말이다. 아이들에게 여행은 고되고 재미없는 운동이었던 것이다. 세상의 많은 걸 경험하게 하고 새로운 나라도 경험하게 하고 싶은 마음이 있어서 해외여행을 권하지만 우리 아이들은 무조건 거절한다. 아이들에게 여행은 새로운 경험도 아닌 더 넓은 세상을 보는 것도 아닌 고된 운동일 뿐인 것이다.

힘든 직장 생활과 고된 삶을 풀고 싶은 마음에서인지 나를 위한 여행 뿐이었지 아이들에게 여행의 참맛을 보여주지 못한 것이 지금은 너무도 미안하다. 그래서 나는 지금 아이들과의 소통을 중요하게 생각한다. 난 또 하나의 작은 소망이 있다면 아들들과 한 달 이상 해외여행을 가는 꿈이 있다. 지금은 소통의 과정을 거쳐서 조금씩 마음의 문을 열고 있다. 2024년이 되면 우리 쌍둥이 아들들이 대학교에 입학하게 된다. 매월 1일 1일 꿈 작성 목록에도 2024년 아이들과의 해외여행 목표가 잡혀 있다. 지금은 고등학교와 중학교를 다니고 있는 아들들에게 조금씩 해외여행에 대한 마음의 문을 열고 있다.

유럽에 가서 유럽 축구를 보고 싶은 아들과 유럽 축구를 관람하고 여러 나라 음식도 맛보게 하고 싶다. 여행의 힐링과 여행의 설렘을 느끼게 하고 싶다. 조금씩 조금씩 다가가다 보면 내가 가고 싶은 날에 아이들과 배낭을 메고 해외여행을 즐기게 될 날이 올 것이다. 여행이란 새로운 것을 경험하고 새로운 세상을 보는 즐겁고 참된 것임을 알게 하고 싶은 꿈이 있기 때문이다.

실패했다. 그래서 성공할 것이다
아이들을 키우고 직장 생활을 하면서 남편과의 다툼도 잦았던 시절이 많았다. 힘든 일을 마치고 돌아오면 해야 할 일과의 싸움, 지친 몸 때문에 모든 삶이 힘들었기에, 그 힘듦을 풀 수 있는 유일한 사람이었기에 모든 불만을 쏟아 붓곤 했다.

마치 힘든 환경을 남편이 만들어준 것처럼 원망했고 어떤 것을 해도 만족하지 않았다. 나만 힘들고 나만 왜 고생을 해야 하는지 혼자만의 고통이라 착각하고 살았던 것이다. 그럼에도 불구하고 남편은 나를 많이 이해해주었다.

가끔 주말이 되면 피곤해하는 나를 위해 아이들을 데리고 산책을 나가곤 했다. 그 시간에 조금이라도 잠을 더 청해보라는 배려였다. 난 그 배려가 당연한 걸로 생각했다. 배려로 생각하지 않았다. 바쁜 직장 생활, 아이들 육아는 내가 다 한 것처럼 누려야 하는 당연한 포상이었던 것이다. 참 이기적이고도 배려심 없는 모습이었다.

아침 출근이 빨랐던 터라 아이들 셋을 가끔씩은 남편이 해결해야 했던 때가 있었다. 어느 날 어린 쌍둥이들을 양쪽으로 안고 큰아이는 아빠 옷깃을 잡고 계단을 내려가다 순간 미끄러져 넘어질 뻔한 상황이 생겼다고 한다. 아빠의 힘은 위대했던 걸까? 그 순간 아이들이 다치지 않게 하기 위해 초인간적인 힘을 발휘했다. 아이들이 어린 나이인데도 그 상황을 지금도 기억한다. 그 당시 남편도 많이 놀랐고 답답했는지 울음을 터트렸다고 한다. 어린 아들 셋을 데리고 그런 상황을 겪었으니 그 순간 얼마나 답답하고 힘들었을까?

난 그 자리에 없어서 상황은 모르지만 이야기만 들어도 어떤 상황이었는지 짐작이 가는지라 마음이 너무도 아프고 남편에게 미안하다. 그런 남편에게 나 혼자 감당했던 육아라고, 나 혼자 직장 생활하는 직장인이라고 나의 모든 힘듦을 퍼부었던 것이다.

가장 슬프고도 힘든 삼십대의 생일이 기억난다. 큰아이 네 살, 쌍둥이 두 살 때의 일이다. 그날은 토요일이었는데 남편은 일을 하러 가는 날이었다. 아이들 셋과 나만 남은 집 차라리 생일이 아니었으면 덜 슬펐을 텐데 말이다. 토요일은 나에게 가장 힘든 날이다. 늦잠은커녕 오히려 새벽부터 아이들이 일어나서 갖가지 요구하는 것들이 있기 때문이다. 그날은 큰아들이 아이스크림을 사달라고 떼를 쓰는 것이다. 쌍둥이 어린 아이들을 데리고 나가기 불편했던 터라 설득을 했지만 어린 나이에 엄마의 설득을 이해할리 없다. 겨우 세 아이들을 데리고 가서 아이스크림을 사주었다. 큰아들에게 잘 녹지 않는 아이스크림 쭈쭈바를 권하지만 큰아들은 좋아하는 돼지바 아이스크림을 먹는단다. 고집쟁이 큰아들을 이길 수가 없다. 어쩔 수 없이 돼지바를 신나게 들고 오는 아들을 뒤로 하고 집으로 왔다.

소파에 앉아 TV를 보면서 신나게 아이스크림을 즐기고 있다. 그런데 불안했다. 아이스크림이 녹아서 힘이 없어 보였다. 걱정과 동시에 일이 벌어졌다. 아이스크림이 녹아서 바닥에 그만 뚝 하고 떨어진 것이다. 순간 큰아들과 나는 눈이 마주쳤다. 난 걱정스런 눈빛, 하지만 아들의 눈은 웃고 있다. 민망함 반, 다른 의도 반이 섞인 채 말이다. 아들은 순간 입가에 미소를 지으며 "히~ 엄마! 쭈쭈바."라고 말한다. 쭈쭈바를 사달라는 것이다. 순간 너무 당황하고 화가 났다. 어린아이 앞에서 말이다. 사줄 수 없었다. 사주기 싫었다. 그래서 안 된다고 말했다. 큰아들도 포기하지 않았다. 그날 큰아이와 난 50여 분간의 사투를 벌였다. 아들이 결국 50분간 울다가 지쳐서 잠이 든 것이다. 그 해의 생일은 참으로 슬프고 힘든 날이었다. 잊혀지지 않는 생일이다.

아이들이 크고 난 후 내 생일은 참으로 화려하고 요란하다. 어릴 때 힘들었던 것을 보상이라도 하듯이 아이들은 내 생일을 기억하고 챙긴다. 꽃을 좋아하는 엄마를 위해서 세 아들들은 매년 꽃을 선물해준다. 편지에는 감동적인 글들이 쓰여 있다. 힘들다고 너무 힘들다고 불만 가득한 엄마가 무엇이 고맙고 감사하다고 매년 감사편지를 주곤 한다.

마흔이 되기 전의 나는 많은 것이 실수투성이고 미숙한 게 너무도 많았다. 감사할 줄 몰랐고 항상 뭐가 그리도 힘들었는지 징징대곤 했다. 너무도 부족함이 많았던 나, 지금 마흔이 된 나는 그 시절 나를 안아주고 싶다. 그래도 잘했다고 애썼다고 토닥여 주고 싶다. 그 때는 그게 최선이었고 버텨갈 힘이었을 테니까 말이다. 지금까지는 연습이었다고 이제부터는 행복하게 잘 해나가면 된다고 말이다.

05

늙어가는 것이 아니라 성숙해가는 것이다

속도를 줄이고 인생을 즐겨라.
너무 빨리 가다보면 놓치는 것은 주위 경관뿐이 아니다.
어디로 왜 가는지도 모르게 된다.
― 에디 캔터(Eddie Cantor)

2살, 3살 어린아이 같았던 지난날의 나

사랑이란 이름으로 입고 온 것을 벗겨보면 그건 소유욕이었고 열정이
란 이름으로 입고 온 것을 벗겨보면 그건 욕심이었고, 배려란 이름으로
입고 온 것을 벗겨보면 그건 보여주기 위한 쇼였던 것이다.

나이 들어서 얼굴에 비춰진 모습은 그 사람의 삶을 보여준다. 어른이
되어서 얼굴을 보면 행복한 삶인지 힘든 삶인지 얼굴을 통해서 비춰지기
때문이다. 그래서인지 나이를 먹을수록 얼굴이 변하는 모습을 볼 수 있
다. 난 예전의 내 모습을 떠올려 보면 참 부끄러운 기억이 많다. 오로지

나를 위한 것, 내 가족만을 위한 것이 우선이었기 때문이다. 내가 먼저 가져야 하고 내가 이겨야 하기 때문이다. 화가 나면 표현을 감추지 못해서 상대방을 힘들게 했다. 어린아이가 갖고 싶은 걸 갖지 못하면 울고 징징대는 것처럼 난 참으로 어린아이였던 것이다.

회사 다닐 때 우리는 모든 것을 업무 순위로 평가받는 회사였다. 난 욕심이 참 많았다. 내가 가고자 하는 항목의 순위가 올라가지 못하면 스트레스를 많이 받는 편이었다. 아침에 메일로 오는 순위표는 늘 나를 긴장하게 했고 그날의 기분을 결정짓는 데 많은 역할을 했다. 나의 이름이 올라오지 않을 때는 스스로를 자책하고 힘들어 했다. 그런데 차라리 혼자 힘들어하고 스트레스 받았다면 지금 내가 예전의 나를 볼 때 부끄럽진 않을 텐데 말이다. 난 나보다 순위가 안 나온 선배에게 위로를 받고 싶은 마음에 그 힘든 것을 풀곤 했던 것이다. 지금 생각해 보면 그 선배는 얼마나 내가 철이 없어 보이고 스스로에게 화가 났을까 싶다. 나밖에 모르는 철부지 욕심쟁이 시절이 참으로 부끄럽다.

마흔이 되어서도 항상 잘해야만 하고 잘 되는 것에만 욕심을 부리던 나에게도 일이 힘든 순간이 왔다. 하지만 나는 이제야 안다.
힘든 상황을 참아낼 줄 알아야한다. 이 시간을 견뎌야 나에게도 다음 단계가 오는 것이다. 그들의 아픈 마음도 함께 겪고 있는 중이다. 힘들다고 징징대지 않아야 하는 것도 알아가고 있다. 어린 시절의 나는 그 시간을 버티지 못하고 "나 힘들어요! 잡아주세요!"라고 울며 소리치고 있었다. 하지만 난 인내하며 더욱더 초심으로 돌아가서 열심히 지금을 이겨내고 있다. 오기가 아니라 진정으로 나 자신을 다듬어갈 기회라는 생각이 들기 때문이다. 지금의 인내의 시간을 잘 견딜 때 난 더욱더 성숙한 나로 발전되어 감을 믿는다. 예전의 징징대던 미숙했던 시절의 내가 아니기 때문이다.

지금의 나는 지인과 주변 사람들이 모두 다 행복하고 잘되기를 바라는 마음이 크다. 지금 하고 있는 일이 즐겁게 할 수 있는 일이면 좋겠고 또 미래에 더욱 꿈과 큰 비전을 가지고 일하고 꿈꾸기를 바란다. 난 마흔이 되어서 너무나 하고 싶은 일도 많고 큰 비전을 가지고 있다. 친구들 또한 그들이 하고 싶은 꿈을 향해 끊임없이 나아가기를 바라는 마음이다

진정한 아름다움이란

난 가끔 사회에서 보는 선배 지인들을 볼 때마다 어른이라는 생각이 들 때가 너무도 많다. 배려와 베풂이 몸에 익었기 때문이다. 난 나 외에는 잘 보이지 않는데 무엇이든 항상 상대방을 먼저 배려한다. 후배들의 아픔을 보듬어 주고 힘듦을 토닥여준다. 난 그러지 못했는데 말이다. 난 그분들에게서 베풂과 나눔을 조금씩 배워간다.

난 책 읽는 것을 좋아한다. 읽어서 좋은 책을 선물할 때는 더욱 좋다. 책 속에 담긴 지혜와 지식을 꼭 내가 좋아하는 사람들에게 같이 나누고 싶은 마음이 있기 때문이다. 그들에게 무엇인가 줄 수 있다는 것 자체가 행복으로 다가오기 때문이다. 함께 나누는 것이 더욱 행복하다.

나이 먹는 것이 두렵고 싫을 때가 있었다. 어느 순간 거울을 보면 아줌마 같다는 생각이 든다. 가끔 거칠어진 손등을 볼 때마다 더욱더 나이 드는 게 싫을 때가 있다. 외출해서 거울에 비친 내 모습을 보면 참으로 초라해 보인다. 더욱 화려하고 섹시한 옷을 입고 나오지 않는 것에 대한 후회도 있다. 젊고 아름다운 20대를 보면 질투가 나고 그렇게 예뻐 보일 수가 없었다. 하지만 그건 나만의 욕심이었다.

예전 아이돌 가수 이효리가 모 TV프로그램에 나온 적이 있었다. 화장안 한 얼굴, 편한 티셔츠에 펑퍼짐한 반바지를 입은 그녀는 왕년의 아이돌 섹시가수였다. 섹시하고 화려함의 대명사였던 그녀가 그렇게 편한 모습으로 방송에 비춰지는 것을 보고 난 좀 의아해했다. 보통 연예인들을 보면 너도나도 얼굴에 있는 주름을 가리려고 성형을 많이 하는 모습을 본다. 어색한 얼굴로 나오는 모습을 볼 때마다 부담스럽게 느껴졌다. 그런데 이효리의 자연스런 모습은 오히려 아름답고 섹시해보였다. 그녀가 하는 말이 더욱더 멋졌다. 그녀는 나이답게 늙어가는 것이 가장 아름다운 모습이며 본인도 그렇게 늙어가길 바란다고 했다. 나이 먹어서도 주름살 하나 없는 얼굴이 아니라 주름진 얼굴이 오히려 나이에 맞게 아름답게 보인다는 것이다. 나도 그 말에 너무도 공감하고 그런 그녀가 너무 멋있어 보였다.

젊은 시절 열정 하나 가지고 뛰었던 것이 때로는 욕심을 위한 일이었다. 사랑이란 핑계로 내가 다 소유하려 했던 시절을 겪으면서 우린 많은 걸 경험하고 실수하고 넘어지면서 지난 세월을 견뎌왔다. 그 수많은 경험 속에서 실패는 결코 헛된 게 아니다. 벼가 서서히 익어서 고개를 숙이는 것처럼 난 40대란 세월의 중턱을 살면서 많은 걸 깨닫고 느끼고 반성하게 된다.

그 동안의 열정 속에서 진정한 땀의 가치를 알게 되고 사랑 속에서 이해와 배려를 알게 된다. 나이를 먹는다는 건 이제는 슬프고 두려운 일이 아니다. 주름살 하나 속에 담긴 소중한 추억이 있고 또 하나의 주름살 속에 인생의 깊이가 있기 때문이다. 난 지금 늙어가는 것이 아니라 성숙해가고 있는 것이다.

06

더 늦기 전에 인생의 방향타를 돌려라

지혜란 받는 것이 아니다.
그 누구도 대신할 수 없는 여행을 한 후, 스스로 발견해야 한다.
– 마르셀 프루스트(Marcel Proust)

직장은 꿈을 이룬 것이 아니라 꿈을 이루기 위한 도구이다

방향타의 역할은 너무나 중요하다. 오른쪽으로 갈지 왼쪽으로 갈지 선택에 따라 도착지가 완전히 다르기 때문이다. 가끔 영화나 TV를 통해서 배의 방향을 잘못 계산해서 배가 풍랑을 만나 침몰하는 큰 사고를 당하는 장면을 종종 보곤 한다.

고등학교를 졸업하고 성적에 맞춰 대학교를 가고 어느 대학교를 졸업했는지 여부에 따라서 우린 평생 먹고 살 수 있을 거란 기대를 안고 직업을 선택하고 또한 회사에 입사해서 무조건 열심히 일을 한다. 부푼 기대를 안고 멋지게 차려입은 정장과 서류가방을 들고 회사로 출근하는 20대 시절의 모습은 그야말로 꿈에 가득 차 있다. 대기업을 입사했으니 가족의 경사이며 부모님은 이제 다 키웠다는 안도의 한숨을 내쉬면서 스스로 뿌듯해 하시기도 한다.

하지만 출근 후 행복은 그리 오래가지 못한다. 때로는 내가 꿈꿔왔던 일이 아니며 밀린 일에 야근을 하고 선배에게 듣는 잔소리와 상사에게 인정받지 못할 때는 사표를 몇 번씩 썼다가 찢고를 반복하며 직장 생활을 버텨나간다. 어떻게 입사한 회사인데 기뻐했던 부모님 생각, 같이 파티를 열어준 친구들 생각에 사표를 쓰지 못하고 다시 한 번 다짐하고 다짐해서 버텨내는 직장 생활을 한다.

많은 사람들은 직장인들을 현대판 노예라고 표현하기도 한다. 5일간 열심히 일하고 2일의 휴일은 나만의 행복을 즐겨야 하고 애쓴 나에게 충분한 쉼을 주어야 한다. 하지만 2일의 쉼이 결코 여유로운 쉼이 아닌 5일을 다시 버텨내야 하는 배터리 충전에 불과한 것이다.

평생직장이라 생각했던 직장을 예상하지 못했던 일로 그만두기도 하고 때로는 쉼이 필요해서 이제 이만하면 됐다고 생각하고 퇴직한 직원들이 하나둘씩 생기기 시작했다. 이전까지는 같은 일을 하고 같은 고민을 했던 직원들인데 퇴직 후 각자의 삶을 살아가는 모습이 다양하다. 나랑 같은 해에 그만둔 지인은 나보다 8살이 많다. 나보다 직장 생활을 8년이나 더 했으니 이제는 쉴 만도 한데 하는 생각이 들었지만 막상 세상 속에 던져진 우리들에게는 쉼이 그리 달콤하진 않았다. 1년 정도씩의 휴식을 취한 뒤 하나둘씩 일을 시작했다. 나보다 8년 선배인 지인은 예전의 사무직 일을 다시 선택했다. 물론 급여는 보장되었다. 하지만 행복해하지 않았다. 나이 드니 사무직일이 갈수록 나이에 맞지 않는 일이라는 생각이 든다는 것이었다.

그래서 얼마 후 다시 한 번 새로운 직업을 선택했다. 영업 현장에서 뛸 수 있는 일을 선택한 것이다. 보장된 급여는 없지만 내가 열심히 뛴 만큼의 성과가 있는 일이라고 했다. 자유로운 범위 내에서 열심히 일하고 싶다고 했다. 물론 처음에는 힘들고, 만들어가는 과정이 있어서 힘든 것도 알고 있다. 하지만 용감하게 도전하고 열심히 뛰고 있다. 그런 만큼 성과도 나오고 있다고 했다. 남들이 보기에 화려하지 않아도 내 역량 안에서 맞는 일이었던 것이다. 즐겁게 일하고 적응해가고 있는 것이다. 스스로 목표를 세우고 열심히 하고 있다고 했다. 출근도 가장 빠르게 하고 있으며 본인만의 목표를 가지고 열심히 달리고 있다고 했다. 때로는 내가 원하는 길이 아니라고 판단했을 때 빨리 방향을 바꿔 새로 도전한다면 기대했던 그 이상의 맛을 볼 수 있을 것이다.

지인과 식사를 하기 위해 고기 집에 갔다. 가끔 가는 고기 집이다. 평소에 서빙을 하던 분이 아니고 처음 본 분이 계셨다. 서빙을 할 때 모습은 생기가 있고 에너지가 넘쳤으며 우리를 기분 좋게 해주었다. 지인은 저분이 식당 주인일 것이라고 생각했다. 일을 하는 태도가 주인인 것처럼 보였기 때문이다. 그래서 그분에게 말을 걸었다. "여기 주인 사모님이신가 봐요? 근데 왜 처음 뵙죠?"라고 말이다. 하지만 그 아주머니의 대답은 아니라고 했다. 여기 식당 직원이 휴가 갈 때 잠깐 봐주는 알바생이라고 했다.

"그런데 주인처럼 너무 열심히 즐겁게 일 하시네요."라고 했더니 아주머니의 말씀은 이랬다

"이왕 하는 거 재미있게 즐겁게 해야죠!"라고 말이다. 그렇다. 그 아주머니에게는 그 일을 하는 순간만큼은 즐겁게 최선을 다하면서 당당하게 일 하는 것이 행복한 삶인 것이다. 내가 만족하고 내가 그 순간을 즐기면 되는 것 아닌가?

난 미래의 그 길을 가보고 싶으면 간다. 하지만 방향이 아니면 과감하게 방향을 트는 데 고민하지 않는다. 그 방향이 설사 정확하게 목적지가 보이지 않더라도 내가 고민하고 생각하는 과정 중에서 많은 걸 배우고

깨닫기에 똑같은 실수는 범하지 않기 때문이다.

　미국행을 선택한 이유는 나의 힘든 직장 생활도 있었다. 행복하지 않았고 더 이상 버티기 힘들다는 것을 누구보다 내 자신이 잘 알고 있었기 때문이다. 누가 봐도 아까운 선택이지만 난 과감히 방향을 돌려서 새로운 길을 선택했다. 하지만 그 선택이 잘못된 걸 깨닫고 다시 방향을 틀어서 오늘의 나로 살아가고 있다. 그 당시 미국행을 포기하기 쉽지 않은 상황이었다. 다른 사람의 시선도 두려웠고 이미 투자한 돈도 적지 않았기 때문이다. 하지만 다른 사람의 시선과 지금 당장의 손실 때문에 계속적인 도전을 했다면 난 더 많은 것을 잃었을 것이다. 난 그때 잃어버린 돈은 하나도 아깝지 않다. 그 과정에서 배운 게 더 크기 때문이다. 얻은 게 더 많기 때문이다. 인생의 수업료를 미리 낸 것이고 그 과정에서 잃은 것보다 얻은 게 더 많기 때문이다.

　같은 회사를 다니더라도 어떤 이에게는 그곳이 꿈을 이룰 수 있는 곳일 수 있다. 그곳에서 행복을 찾을 수 있다. 그곳에서 목표를 가질 수 있다. 그렇다면 그 사람은 그 곳에서 끝없는 도전과 꿈을 꾸면 되는 것이다. 같은 직장의 선후배 모임이 있다 '시월의 여인'이라는 모임이다. 시월에 모임을 결성했기에 그렇게 이름 지었다. 지금도 좋은 만남을 이어가고 있다. 같은 회사에서 오랜 시간 동고동락했기에 우리는 서로를 너무도 잘 안다. 서로의 마음을 나누기도 하고 아픔을 같이하기도 한다. 나를 포함한 모임의 일부는 퇴직을 했고 또 아직도 직장 생활을 하는 언니, 동생도 있다. 얼마 전 후배가 기쁜 소식을 전해왔다. 승진했다는 것이었다.

같은 회사에서 일을 해본 경험이 있기에 승진하기 위해 얼마나 많은 노력을 했는지 짐작할 수 있다. 진심으로 축하해 주었다. 나 또한 직장 다닐 때 승진에 대한 목표로 그렇게 열심히 뛴 적이 있었다. 이 후배에게는 그것이 목표였고 또 열심히 살아온 이유였을 것이다. 행복해 하는 모습을 보니 기분 좋았다.

새로운 것에 도전하고 배우는 나를 보며 후배는 항상 나에게 얘기했다. 자신은 딱히 좋아하는 것이 없고 하고 싶은 것이 없다고 했다. 하지만 회사에서 일하는 것을 보면 열정이 있고 열심히 하는 후배이다. 그곳에서 일하면서 행복과 성취를 느끼고 있다. 그럼 된 것이다. 내가 일하는 곳에서 열정을 다하고 열심히 하고 만족을 하면 되는 것이다. 그곳에서 더 높은 목표를 가지고 열심히 하면 되는 것이다. 그 후배에게는 그곳이 꿈의 터전이고 본인의 에너지를 가장 쏟을 수 있는 세상이 그곳이기 때문이다.

각자 꿈꾸는 세상은 다르다. 낮은 곳에서 또는 더 높은 곳에서 내가 가고자 하는 꿈꾸는 세상이 누구에게나 있다. 각자가 바라는 꿈의 크기도 모양도 다르기 때문에 이 세상은 공존하는 것이다. 낮은 곳에 있다 하여 실패한 것도 아니다. 높은 곳에 있다 하여 성공한 것 또한 아니다. 그 공간에서 누리고 있는 나의 존재 가치에 행복함이 있어야 한다.

최선을 다해서 결과를 냈을 때 누리는 만족감이 있어야 한다. 찌들어서 얼룩지는 것이 아니라 아름답고 고운 모양으로 아름답게 색칠되어지면 되는 것이다.

만일 그곳이 아니라면, 내 것이 아니라면, 그곳에 행복이 있지 않다면 늙기 전에 반드시 방향타를 돌려라. 그래야 진정 후회가 없을 것이다.

07

어제와는 다른 삶을 살기로 한 당신에게

내일은 인생에서 가장 중요하다.
자정이 되면 내일은 매우 깨끗한 상태로 우리에게 다가온다.
완벽한 모습으로 우리 곁으로 와, 우리 손으로 들어온다.
내일은 우리가 어제에서 뭔가를 배웠기를 희망한다.
– 존 웨인(John Wayne)

변화와 도전을 통해 다른 삶을 살고 있는 나

2, 30대의 나와 40대를 살아가는 나는 다른 사람이다. 여전히 일을 하고 있고 아들 셋을 돌봐야 하는 한 가정의 아내이자 엄마이다. 하지만 지금의 나는 보는 세상이 달라졌고 마음과 생각도 달라졌기 때문이다. 삶을 온전하게 내가 리드하고 내가 원하는 삶을 살고 있다. 이 세상의 주인은 나이기 때문이다.

CEO과정의 모임을 통해서 만난 여성 지인이 있다. 나보다 세월을 더 많이 겪으신 분이다. 지금은 큰 부와 성공을 이루신 분이기도 하다. 지인은 지금까지 너무 열심히 살다 보니 첫 세상 구경은 이번 모임이 처음이라고 했다. 모임에서 가장 많이 달라진 자신의 모습을 볼 수 있을 것이라고 자신을 당당하게 소개했다.

지금은 큰 사업체를 경영하고 있고 부도 많이 축적해놓은 분이셨다. 지금까지 정신없이 일만 하느라 자신을 가꾸지 못했다고 했다. 그런데 모임을 통해서 자신을 가꾸고 꾸미는 자신의 모습을 보고 스스로 감탄하고 만족해했다. 외모뿐만 아니라 삶에 열정이 있었고 자신을 가꿈으로써 삶에 희망과 자신감이 넘쳐났다. 어찌 보면 지금의 나를 보고 있는 듯해서 감동적으로 느껴졌다. 열심히 살아온 보상을 주는 모습에 다시 한 번 열심히 살아온 세월이 헛되지 않음을 피부로 느끼는 시간이 되었다. 나 또한 오늘 하루 열심히 살아야 하는 이유, 변화와 도전을 과감히 받아들일 줄 아는 열린 마음이 필요하다는 것을 배우는 시간이 되었다.

우린 때론 살면서 지금의 삶이 행복하지 않다고 한탄을 한다. 정말 이대로 살아야 하나? 또 다른 삶은 없을까? 여기서 벗어나고 싶다. 다른 세상에서 살고 싶다고 스스로에게 지금의 현실을 부정하기도 한다. 나도 그랬던 시절이 있었으니 말이다.

하지만 지금의 현실을 살고 있는 나는 그 모든 삶의 원인은 나에게 있었음을 깨닫게 된다. 어떠하지 못한 환경이라 할지라도 누군가는 행복한 삶을 살아가고 있다. 저마다의 행복의 기준은 다르지만 분명한 건 그 기준조차도 내가 세우는 것이기 때문이다. 지금 또 다른 변화, 더 나은 삶을 내가 만들고 싶다면 과감히 변화를 받아들여라.

내일을 더욱 찬란하게 살아갈 당신에게

내가 다닌 회사는 어느 회사보다도 여성 조직이 많은 회사였다. 특별히 이사하거나 원거리 발령을 요청하지 않는 한 같은 권역권 내에서 발령이 난다. 난 이 회사를 20년 동안 다녔다. 그런 만큼 다른 직원들도 나 이상으로 오랜 기간 동안 직장 생활을 했다. 그러다 보니 직원들의 관계는 굉장히 가깝고 좋은 관계로 잘 지내고 있다. 퇴직한 이후에도 좋은 인연들과 좋은 관계를 유지하면서 지내고 있다. 좋은 인연들이기에 모임도 만들어서 만남을 가지고 있다. 좋아하는 마음은 한결같지만 가끔씩 연락하고 지내는 지인이 있다. 남편의 건강 때문에 깊은 시골 마을로 들어갔기 때문이다. 가끔이지만 회사 다닐 당시 서로의 마음을 나누고 함께했던 추억 때문인지 나는 잘되기를 바라는 마음을 항상 가지고 있다. 경제적인 것뿐만 아니라 자녀들도 건강하게 성장하길 바라는 마음이 크다.

그래서 항상 좋은 것은 함께 나누고 싶은 지인이다. 좋은 책을 읽고 나면 도움이 될 만한 책을 선물해주곤 했다. 직장 생활도 하고 열심히 살아가지만 자녀들을 양육해야 하고 또 친정 부모님까지 모셔야 하는 부담감을 안고 살고 있다. 그렇다 보니 항상 안전해야 하고 도전이 쉽지 않았다. 그래서 대화를 하다 보면 나름의 보호막 같은 것이 굉장히 강했다. 지인이 보는 세상은 참으로 좁고 위험한 곳이었을 것이다. 난 지인에게 항상 그럴수록 생각을 넓게 하고 과감하게 도전하는 정신을 가지기를 바랐다.

몇 년 후 지인은 시골집을 정리하고 수도권 쪽으로 이사를 하였다. 최근 수도권 쪽에서 강의를 듣는 날이 있어 지인을 만나, 많은 대화를 하던 나는 깜짝 놀랐다. 너무 변화된 모습을 보고 말이다. 열정이 있었으며 밝고 긍정적인 모습으로 변해 있었다. 스스로도 많이 변했다고 했다. 변화를 위해서 책도 많이 읽고 있으며 새로운 삶을 위해서 생각과 긍정의 마음으로 살기 위해 노력하고 있다고 했다. 그중 한 가지 방법 중에 아침에 감사 일기를 쓴다는 것이었다.

놀라웠다. 성공자들의 아침 습관 중에도 아침 일기를 쓰는 것이 있었기 때문이다. 아침에 일기를 쓰면 하루가 긍정적으로 설계가 된다는 것이었다. 그 말이 이해가 되었다. 저녁에 일기를 쓰게 되면 평범하고 행복한 일상보다 속상하고 힘들었던 기억들이 오래 남기 때문에 일기장에 속상하고 힘든 얘기를 쓸 수밖에 없다. 하지만 아침에 감사 일기를 쓰다 보니 하루의 일과가 너무나 기대가 되고 좋은 마음이 들 수밖에 없다는 것이었다. 그러면서 긍정의 마음들이 생길 수 있어서 너무 좋다고 했다.

만나는 당일 딸의 한의원 치료가 있어 딸과 함께 외출을 하는데 불편한 딸이 자꾸 힘들어 하며 짜증을 냈다고 했다. 언니도 순간 화가 나기도 했지만 마음을 한 번 다시 먹고 좋은 마음을 내자 생각하니 아무것도 아닌 일이 되었고 딸에게 좋은 말로 설득할 수 있었다고 했다. 긍정의 마음으로 세상을 보고 행동하면서 놀라운 체험들을 한다고 했다. 그뿐 아니라 세상은 넓고 내가 돈을 벌 수 있는 기회도 많다고 했다. 새로운 일자리가 생겨서 일을 하게 되었는데 여러 가지 환경조건이나 시스템이 열악하지만 이 또한 내가 마음을 바꾸면 아무렇지도 않다는 것이었다. 그 순간 감사와 더욱더 언니가 잘되기를 바라는 간절한 소망을 안고 행복한 대화를 나누었다.

2, 30대의 힘들었던 시절을 보내고 원치 않게 대기업이란 좋은 직장을 그만두고 원했던 미국에 가지 못했을 때 난 잠시 동안 인생의 희망과 미래를 보지 못했다. 하지만 나는 그 어떤 때보다 지금의 삶이 행복하고 기대와 목표가 있는 삶을 살고 있다. 원 없이 꿈을 이루어 가고 있다. 행복을 누리는 가운데 꿈을 이루어가는 가운데 난 변화를 두려워하지 않았다. 도전했으며 또 그 과정 중에 수많은 고통과 힘든 싸움도 있었다. 그 힘든 고통을 이겨냈고 이겨가고 있는 중이다. 누구에게나 시련과 실패, 어려움은 온다. 문제는 그것을 받아들이는 자세다. 성공자들은 이 모든 것들을 이겨내고 즐긴다. 그렇기에 성공이란 참맛을 보았을 것이다.

내가 어떤 인생을 만들어갈지는 나한테 달렸다.

지금의 자리를 옮기고 싶은가?

지금의 환경을 바꾸고 싶은가?

행복해지고 싶은가?

성공하고 싶은가?

그 해답은 바로 마흔을 맞이한 지금의 나 자신에게 있다. 나의 마음을 바꾼다면 이 모든 걸 바꿀 수 있다. 사람이기에 수없이 흔들리고 좌절하고 힘든 시기가 와도 긍정의 마음으로 다시 일어나는 오뚝이처럼 새로운 삶을 변화시켜 나갈 것이다.

새로운 날을 살기로 한 당신에게 난 말하고 싶다. 우린 젠트리피케이션gentrification의 피해자가 되지 않아야 한다. 세상의 빠른 변화에 적응하고 준비해야 한다. 세상은 넓고 할 일은 많다. 성공은 어떤 특정한 사람만이 누리는 특권이 아니다. 내가 선택해서 만들어 가는 것이다. 변화와 도전을 두려워하지 말고 과감하게 받아들여라. 그렇다면 우리 모두는 세상을 지배하는 주인공이 될 것이다.

젠트리피케이션gentrification은 '젠트리gentry'라는 단어에서 나온 용어이다. 젠트리는 지주계급 또는 신사계급을 뜻하는 말이었다.

런던 서부의 햄프스테드와 첼시 등은 저소득층 주거지역이었지만, 중산층 이상의 계층이 유입되기 시작하자 주거 비용이 순식간에 상승했다. 이 비용을 감당하지 못했던 기존 저소득층이 오히려 그 지역을 떠나게 되었고 해당 지역들은 고급 주거지역으로 변했다. 이 현상을 설명하기 위해 1964년 영국의 사회학자 루스 글래스Ruth Glass가 처음 사용하였다.

원래 낙후된 구도심 지역이 활성화되면 해당 지역에 중산층 이상의 계층이 들어오고, 그들이 기존의 하층계급을 대체해 지역 전체의 구성과 성격이 변하는 현상을 말한다.

당신의 인생을 더 이상 뒤로 미루지 마라!

    지금까지 살아오면서 나는 나를 위한 것은 항상 2순위, 3순위로 미루곤 했다. 배움이 필요해도 나중에 해야 했다. 자녀들이 크면 그때 해야지, 여유가 생기면 해야지 하고 생각했다. 시간적 여유가 생기면 해야지 하고 미뤄왔던 것이 어느덧 마흔이라는 나이가 되어버린 것이다. 마흔이 되던 어느 날 난 하고 싶은 것도 없었다. 내가 잘 하는 것도 없는 사람이 되어버린 것이다.

    마흔이 되어서 악기를 배우려고 하니 쉽지 않았다. 눈과 마음과 몸이 따로 움직이기 때문이다. 복싱 운동이 건강에 효과가 있다고 하여 남편과 복싱장에 등록하여 복싱을 배우는데 나의 모든 몸의 세포와 근육은 잠자고 있었다. 마흔이 다 되서 배우는 복싱은 나를 숨 막히게 할 정도로 힘들었다. 트랙을 20바퀴 돌아야 하지만 난 10바퀴도 돌지 못하고 중도에 포기했다. 그대로 뛰었다가 숨이 막혀 쓰러질지도 모른다는 위협을 느꼈기 때문이다.

2, 30대에 나의 모든 것들은 멈춰 있었다고 해도 과언이 아니다. 몸과 머리는 자연스레 회사 일과 아이들 육아 외에는 전혀 가동하지 않았기에 새로운 걸 받아들이지 못했다. 운동과 음악도 어떠한 지식도 말이다. 그렇게 20년 동안 나는 잠들어 있었던 것이다.

우리는 이제 잠자고 있는 나를 깨워야 한다. 잠자고 있는 뇌, 잠자고 있는 몸, 잠자고 있는 생각, 느낌, 감성 나의 모든 걸 말이다.

그 첫 번째가 나를 위한 공부다. 다른 누군가를 위한, 자격증을 따기 위한 형식적인 공부가 아니라 내게 진정 필요한 공부. 그것이 무엇이 됐든 좋다. 나를 전문가로 만들 수 있는 진정 나만을 위한 공부를 해야 한다. 그리고 나의 몸을 깨울 수 있는 운동을 즐겨라. 운동은 새로운 활력소를 주고 삶을 건강하게 하고 생기가 넘치게 해주기 때문이다. 건강한 삶은 나뿐만 아니라 가족들에게도 행복한 삶을 안겨주는 데 아주 중요한 역할을 한다. 그리고 내가 좋아하는 음악, 음식 등을 충분히 즐길 수 있는 여유를 가져라. 그 동안 나는 나를 꺼내지 않고 가꾸지 않았다. 나를 가꾸고 나를 보살필 때 진정한 나를 발견할 수 있을 것이다.

나를 가꾸고 사랑하게 되면 앞으로의 삶은 매우 희망적이고 열정이 넘치게 된다. 세상은 넓고 하고 싶은 일이 있고 내가 꿈꿔온 수많은 일들이 하나씩 싹을 틔우기 때문이다.

나만의 꿈과 목표를 세우고 그 꿈을 향해 전진해야 한다. 나만의 버킷리스트를 세우고 그 꿈을 향해서 하나씩 이루어가면 된다.

누구에게든 늦은 때란 없다. 늦다고 생각할 때가 가장 빠른 때이기 때문이다. 마흔이란 때는 무엇을 시작하기에 가장 좋은 나이, 어떤 유혹에도 넘어지지 않기에 불혹이 아닌가?

50대를 살아가는 선배님들은 40대를 젊은 나이라고 말한다. 나도 10년만 젊었으면 무엇이든 이룰 수 있다고 말한다. 40대를 살아가는 우리는 여기에서 엄청난 보석을 발견해야 한다. 바로 '시간'이다.

우리의 10년은 50대를 살아가는 사람들이 그토록 바라는 10년 전의 모습인 것이다. 우리도 앞으로 50대가 되어서 그들처럼 40대에게 나도 10년만 젊었으면 하는 똑같은 후회를 할 것인가?

우리는 더 이상 인생을 뒤로 미루지 않아야 한다.

나는 절대 30대로 돌아가고 싶지 않다. 30대의 나는 육아와 회사 업무로 가장 힘든 시절을 지냈으며, 또한 가장 많은 눈물을 흘렸기 때문이다.

지금의 40대는 30대가 그렇게도 벗어나고 싶었던 세월을 이겨온 나이며, 지금의 40대는 50대가 그토록 다시 가보고 싶은 10년 전의 과거인 것이다.

그렇기에 우리는 최고의 황금 시기를 살고 있는 것이다. 그럼 우린 이 40대를 어떻게 살아야 할까?

내가 아닌 다른 일 때문에 꿈을 꿀 수도 없는 시절도 아니며 너무 늦어서 시작이 두려운 50대도 아니다. 당당한 40대에 우린 도전할 수 있는 용기가 있으며 이룰 수 있는 열정과 에너지가 있는 나이인 것이다.

마흔을 맞이할 사람들과 마흔을 살아가는 이 세상 모든 사람들에게 나는 말하고 싶다.

더 이상 인생을 뒤로 미루지 마라!

지금이 우리에게는 기회이다. 꿈을 꾸고 도전하라. 세상이 그대와 함께할 것이다.

이 책을 통해서 조금이나마 도전의 용기가 생기고 제 2의 찬란한 인생으로 도약하는 데 도움이 되길 바란다. 대한민국 모든 직장 맘들을 응원한다.